VIE

DE MADAME

LOUISE MALLAC

VIE

DE MADAME

LOUISE MALLAC

RELIGIEUSE

DU SACRÉ-CŒUR DE JÉSUS

Décédée à Conflans, le 23 janvier 1862.

PARIS

LIBRAIRIE DUPUY

RUE SAINT-SULPICE, 24

M D CCC LXII

Dieu est admirable dans ses saints.
PS. LXVII.

« Dieu dans tous ses ouvrages est admirable, dit Bourdaloue; mais il l'est particulièrement dans ses saints, puisque de tous les ouvrages de Dieu, un des plus merveilleux et des plus grands, ce sont les saints. Il est admirable dans leur prédestination, il est admirable dans leur vocation, il est admirable dans toute l'économie de leur salut, dans leur béatitude et dans leur gloire. Je dis admirable de les avoir prédestinés à son royaume éternel, admirable de les avoir appelés à la foi, admirable de les avoir sanctifiés par la grâce, admirable de les avoir éprouvés et purifiés par les souffrances, enfin admirable d'en avoir fait des saints et des bienheureux. »

Ces paroles, si profondes et si vraies, s'appliquent spécialement aux saints dont les actions héroïques ravissent notre admiration et que l'Eglise a placés sur ses autels; mais elles résument également la conduite de Dieu sur ces âmes humbles et pures qu'il daigne, de temps en temps, montrer à la terre comme une image imparfaite, il est vrai, mais réelle et visible de son infinie sainteté.

Dans la vie de la sœur bien-aimée dont nous allons essayer de retracer quelques traits, rien d'éclatant n'apparaît au-dehors : c'est une de ces existences privilégiées et bénies du Seigneur, qui s'écoulent, sous son regard, dans la douceur, la paix et la simplicité de son amour; mais les merveilles intérieures de la grâce s'y révèlent dans leur céleste clarté, et l'on peut suivre sans effort les desseins qu'un Dieu riche en miséricordes accomplit par l'intermédiaire de cette âme fidèle et constamment dévouée. L'un de ces desseins était sans doute de nous offrir un parfait modèle de toutes les vertus religieuses, et d'exciter de plus en plus dans nos cœurs l'amour de notre sainte vocation ; car si Dieu est admirable dans la conduite qu'il tient envers ses élus, il ne l'est pas moins en nous les proposant pour exemples ; et, selon l'illustre orateur dont nous avons déjà emprunté les paroles, « par eux, il nous persuade la sainteté et nous en adoucit la pratique....; oui, il y a dans cette persuasion un certain charme qui gagne également le cœur et l'esprit. Ce n'est ni raisonnement ni autorité ; c'est quelque chose qui tient de l'un et de l'autre, qui a tout le poids de l'autorité, qui a toute la force du raisonnement ; mais qui, de plus, a je ne sais quoi que tous les raisonnements et toutes les autorités n'ont pas ni ne peuvent avoir. »

Telle est bien, en effet, l'impression laissée par les souvenirs de notre chère sœur Louise Mallac. Puisse le simple récit que nous en donnerons, faire revivre, pour la gloire du divin Cœur de Jésus, ces précieux exemples d'édification qu'elle a légués à sa famille religieuse, et en étendre partout les douces et salutaires influences.

VIE

DE MADAME

LOUISE MALLAC

CHAPITRE I

Enfance de Louise.

Marie-Céline-Louise Mallac naquit à l'île Maurice, le 11 novembre 1833. Elle puisa au sein d'une famille éminemment chrétienne la foi vive et la tendre piété qui furent toujours ses traits distinctifs. Prévenue des bénédictions divines, elle reçut sans peine au foyer domestique ces impressions de vertu, germes précieux et féconds, que l'on vit se développer sous l'influence de la grâce et fructifier au centuple.

Le caractère de Louise, mélange heureux de douceur et de force, de calme et de vivacité, se dessina bientôt avec tous ses charmes au regard attentif de ses parents. Une pureté angélique se reflétait sur son front, rayonnant de candeur et de sérénité. « Je n'avais qu'à regarder cette enfant, a souvent répété depuis sa pieuse mère, pour me remettre dans la paix. » Plus tard elle redisait encore : « Louise, c'est la rosée de mon âme! »

Vive et enjouée, l'aimable enfant se livrait avec une ardeur infatigable aux délassements de son âge; mais toujours parfaitement soumise, un seul mot, un signe de ses vertueux parents suffisait pour arrêter les plus joyeux élans de sa gaîté. Cet enjouement offrait un agréable contraste avec la gravité précoce de sa sœur aînée; aussi les avait-on surnommées dans la famille, l'une *la joie*, et l'autre *la sagesse*.

M. Mallac veillait avec une grande sollicitude sur l'éducation de ses enfants; il savait allier, dans cette tâche difficile, la fermeté douce et prudente à la tendresse du meilleur des pères. « Je le crains beaucoup, avouait Louise à sa mère non moins vigilante et dévouée, mais je l'aime encore plus ! » Chrétien fervent, il voulait avant tout que Dieu fût bien servi dans sa maison. Le soir, avant l'heure du repos, il réunissait ses enfants, et chacun venait à son tour réciter auprès de lui les prières accoutumées. On commençait par l'aîné ; Louise, qui trouvait souvent l'attente un peu longue, se permit de temps en temps de petites espiégleries pour l'abréger. « Croiriez-vous, nous disait-elle, qu'il m'est arrivé de chatouiller tout doucement les pieds de ma sœur pour la faire aller plus vite. » La pauvre petite, prise une fois sur le fait, fut sévèrement réprimandée par son père, qui lui fit comprendre avec quel respect il faut parler à Dieu dans la prière. Louise n'oublia jamais le reproche paternel ; dès ce moment, on la vit toujours calme et recueillie pendant ses exercices de piété ; le regret d'avoir ainsi distrait sa sœur des pensées pieuses qui devaient l'occuper uniquement, fut toujours vivant dans sa mémoire, et cependant elle n'avait que six ans.

M. Mallac, si attentif à inspirer à ses enfants des sentiments chrétiens et religieux, n'était pas moins exact à les former à une prompte obéissance. Un jour qu'il avait permis à Louise et à sa sœur d'assister, dans une famille amie, à une petite représentation de lanterne magique, il envoya vers huit heures une bonne chargée de les reconduire à la maison; mais la séance n'étant pas finie, la bonne fut congédiée; envoyée de nouveau, elle ramena les deux coupables, qui comparurent avec confusion devant leur père. Celui-ci, après les avoir reprises de leur peu de soumission, leur imposa pour pénitence d'aller s'asseoir dans un coin du salon; et, afin de rendre la leçon plus mémorable, un nègre vint, d'après ses ordres, éteindre solennellement la lampe, les laissant dans une profonde obscurité. Cette punition, si légère en elle-même, produisit une vive impression sur les deux sœurs, inconsolables d'avoir mécontenté un si bon père. Leurs regrets obtinrent un facile pardon, et, dès ce jour, l'obéissance devint en elles si spontanée, qu'on les voyait accourir au-devant de leur bonne du plus loin qu'elles l'apercevaient. C'est ainsi que, sans user des moyens de rigueur, M. Mallac attachait aux moindres pénitences un caractère de force qui agissait toujours d'une manière salutaire sur l'esprit et le cœur de ses enfants.

Dès ses plus jeunes années, Louise joignait à un aimable enjouement une dignité modeste, et ne se prêtait qu'avec une extrême répugnance aux caresses dont elle était l'objet. Elle avait été baptisée le même jour que l'un de ses cousins; quelquefois les deux familles s'amusaient à prévoir la possibilité d'une lointaine alliance entre ces deux enfants. Louise, à qui ce projet ne souriait nullement, ne dissimulait pas toujours la contrariété qu'il lui inspirait; une expression de mécontentement se manifestait sur son visage lorsque son oncle l'appelait en riant *sa petite bru*; et, répondant aux prévenances de son cousin par un accueil peu gracieux, elle repoussait les bonbons et les gâteaux qu'il lui présentait; on la vit même jeter avec dédain au fond de la mer une bague que celui-ci lui avait achetée au prix de ses petites économies. Ainsi se révélait la pureté de ce jeune cœur, qui semblait dès lors avoir fixé en Dieu seul toutes ses affections.

La dévotion à la sainte Vierge, ce cachet des âmes prédestinées, était déjà celui de sa douce et simple piété. Elle aimait à retrouver partout l'image de sa bonne Mère; lui rendre de pieux hommages était le besoin de son cœur; et, souvent agenouillée dans un petit oratoire qui lui était dédié, elle confiait à Marie le succès de toutes ses demandes; sa gaîté elle-même payait son tribut de louanges à la Reine des vierges par le chant de pieux cantiques, continués parfois jusque dans son sommeil; enfin cette naïve formule terminait invariablement ses prières : « Obtenez-moi cette grâce, ma bonne Mère, si toutefois cela peut vous faire plaisir. »

Marie répondit à l'amour de son enfant par une prédilection spéciale; elle la combla de ses plus douces faveurs ; et Louise voua dès lors à celle que son cœur et sa foi nommaient sa mère, une reconnaissance dont chaque bienfait semblait accroître la force et l'étendue.

CHAPITRE II

Maladie et mort de M. Mallac.

En 1841, M. Mallac ressentit les premières atteintes d'une maladie de poitrine à laquelle il devait succomber; les médecins espérèrent un rétablissement de l'air natal, et le retour en France fut décidé; mais le soin de conserver sa propre vie le préoccupait moins que le sort de ses enfants, et de ses jeunes frères dont il était le père et le protecteur; avant de l'avoir assuré, il ne pouvait consentir à s'éloigner du siége de ses affaires. Six mois furent employés aux préparatifs du voyage; dans cet intervalle, il disposa lui-même son fils aîné à la première communion. L'annonce de ce prochain départ excita dans tous les cœurs de bien légitimes regrets : depuis de longues années, M. Mallac vivait au Port-Louis, entouré d'estime et de respect, et la colonie le comptait au nombre, alors bien restreint des catholiques dévoués. A une époque où l'indifférence en matière de religion devenait presque universelle, il était le seul homme de son rang qui s'approchât de la sainte table; cependant, tel est le triste effet de cette indifférence, qu'elle réagit, même à leur insu, sur les cœurs les plus chrétiens : au moment de la première communion de son fils, M. Mallac n'avait pas encore été confirmé. Sa foi généreuse, ses sentiments élevés étaient à l'abri du respect humain, et, profitant de cette circonstance pour se préparer au sacrement de confirmation, il n'hésita pas à se présenter, seul avec son fils, devant le nouvel évêque, pour recevoir l'onction sacrée. Les grâces précieuses et si abondantes que le Ciel a versées depuis sur sa famille, ne seraient-elles pas la récompense de la fermeté avec laquelle il accomplit toujours ses devoirs de chrétien fervent et convaincu?

Le départ s'effectua au commencement de l'année 1842; la traversée fut longue et fatigante; au milieu des nombreux passagers qui se pressaient sur le navire, on distinguait deux familles unies par le double lien de l'amitié et d'une alliance qui en resserrait les nœuds, mais présentant un singulier contraste : l'une ne respirait que la gaîté et l'entrain de la jeunesse, c'était celle de M. Mallac; l'autre était composée de personnes âgées que semblaient accabler la lassitude et l'ennui; souvent même elles s'en plaignaient avec amertume, s'étonnant de la joyeuse sérénité de Louise. Leur seule distraction était de s'entretenir avec la douce enfant : « Comment faites-vous pour être toujours contente? lui demandaient-elles avec une sorte d'envie, donnez-nous votre secret. » Surprise, elle répondait : « Mais je suis bien partout, je ne désire rien, je ne souhaite pas plus d'arriver que de rester à bord. » Heureux secret, importante leçon dont elle ignorait alors le sens et la profondeur !

Après quatre mois de navigation, le vaisseau toucha les côtes de France, et bientôt l'on débarqua à Bordeaux, patrie de M. Mallac. Le premier acte de ce père vraiment chrétien, en rentrant dans la ville qui l'avait vu naître, fut de conduire sa famille près des fonts sacrés où il avait été régénéré dans les eaux du baptême : c'était dans cette même église, si pleine pour son cœur de religieux souvenirs, que Louise devait un jour faire sa première communion et recueillir, par une abondance de grâces, le fruit de la prière paternelle.

Cependant l'état du malade s'aggravait de jour en jour; un voyage à Nice fut proposé comme dernière ressource. Avant le départ, prévoyant sa fin prochaine, M. Mallac fit ses dispositions testamentaires avec le calme et l'ordre parfaits qui avaient toujours présidé à ses actions. Déjà il avait envoyé ses frères et son fils aîné en Angleterre, au collége d'Oscott, institution religieuse, alors dirigée par le docteur Wiseman, aujourd'hui cardinal archevêque de Wetsminster. Il s'imposa aussi la pénible mission d'annoncer lui-même à ses deux filles aînées la triste nouvelle de son départ. Louise alors s'écria dans un élan de douleur et de tendresse filiale : « Nous ne voulons pas vous quitter, nous vous suivrons partout. » Profondément ému, M. Mallac ne put néanmoins condescendre à ce vœu, manifestation touchante des sentiments dont il était l'objet : il confia ses enfants à la sollicitude affectueuse et dévouée d'un de ses oncles paternels. Ce fut avec une vive douleur que Louise dit adieu à ce père chéri qu'elle ne devait plus revoir, à sa mère et à son plus jeune frère, le petit Joseph, charmant enfant de trois ans, dont la présence devait adoucir les souffrances et consoler les derniers instants de son vénérable père.

Le séjour de Nice ne réalisa pas plus que celui de Bordeaux les espérances qu'on en avait conçues : M. Mallac y fut repris de nouveaux accidents, et bientôt des signes sérieux annoncèrent le moment suprême; il s'y disposa avec toute la sérénité du juste et fit demander aux RR. PP. Jésuites le secours des sacrements de l'Eglise. La foi vive, la piété fervente qui avaient animé toute sa vie, furent encore sa meilleure consolation à l'heure de la mort; il bénit, dans la personne du petit Joseph, sa jeune famille absente, et mourut, pressant sur ses lèvres le modeste crucifix qui devait aussi recueillir le dernier soupir de sa chère Louise. Quoique bien jeune encore, celle-ci comprit l'étendue de la perte qu'elle venait de faire, et conserva si présent le souvenir des circonstances qui l'avaient accompagnée, que, vingt ans plus tard, suivant avec calme toutes les phases de sa propre maladie, elle aimait à les rapprocher de celles qui avaient marqué la fin de son père vénéré.

La nouvelle du décès de M. Mallac fut reçue à l'île Maurice avec des témoignages unanimes de regrets et de vénération. Nous en retrouvons l'expression fidèle dans les lignes suivantes, extraites d'une feuille publique du Port-Louis :

« M. Tristan Mallac est mort à Nice, le

24 janvier de cette année (1843), à l'âge de quarante-deux ans. Dans le trouble d'un premier moment de surprise et de douleur, nous n'aurions pu rendre un digne hommage à la mémoire de l'homme éminent que la mort vient de nous ravir. C'était avec le calme d'un pieux recueillement qu'il convenait de payer un tribut d'estime au citoyen dévoué, au chrétien fervent dont la vie fut sans reproche et mérite d'être offerte à tous comme un modèle.

» Depuis longtemps déjà, on avait reconnu dans M. Mallac les premiers symptômes du mal qui l'a conduit au tombeau et dont il avait espéré guérir sous l'heureuse influence d'un climat tempéré. De sa nombreuse famille, deux membres seulement ont reçu son dernier soupir; des amis dévoués qu'il comptait parmi nous, aucun n'a eu la triste consolation de lui fermer les yeux!

» Mourir ainsi sous un ciel étranger (car Maurice, où il était arrivé encore enfant, était pour lui la patrie), mourir dans la force de l'âge, chéri, estimé de tous, utile à tous, c'est là un de ces desseins providentiels qu'il ne nous est point permis de pénétrer; et comment oserions-nous le déplorer avec amertume, quand l'âme pieuse de l'ami que nous regrettons, l'a accepté sans plainte et sans murmure?...

» Il est permis de dire que c'est le besoin de dévoûment dont M. Mallac était dévoré, qui a hâté le terme de ses jours : un départ plus prompt aurait peut-être détourné le coup qui l'a frappé...

» Nous l'avons vu, à un âge où l'on a soi-même souvent besoin d'un guide, recevoir et accepter au chevet d'un père mourant, la charge de ses frères et de ses sœurs; nous l'avons vu consacrer tout ce qu'il avait de force, de zèle et d'amour à l'œuvre importante et sainte qu'il avait mission de remplir auprès d'eux....

» Mais tandis que nous révélons les vertus intimes de l'homme privé, des intérêts plus généraux viennent à leur tour réclamer de nous l'énumération des services et des qualités éminentes de l'homme public. La patrie nous rappelle qu'elle comptait M.

Mallac parmi ses plus dignes représentants; la religion catholique, qu'elle a perdu en lui son disciple le plus fervent. Nous avons suivi M. Tristan Mallac dans les débats du conseil législatif, d'abord parce qu'il portait un nom qui nous était cher, ensuite parce que nous avions foi dans sa loyauté et dans son intelligence; toujours nous avons été frappés de la justesse de ses vues et de la fermeté de sa conduite, tandis que dans les épanchements de l'amitié, nous admirions la piété ardente et simple qui éclairait cette âme d'élite. Il unissait des dons qui ordinairement s'excluent : une douceur constante et un courage qui ne reculait devant aucun obstacle; un esprit vif et piquant, et une bienveillance inépuisable. Ces vertus si rares, ces qualités si précieuses qui avaient concouru à lui valoir le premier rang dans notre société, il savait se les faire pardonner des méchants eux-mêmes, à force de simplicité et de modestie.

» A une époque comme la nôtre, il est des hommes bien difficiles à remplacer, et M. Mallac est de ce nombre. En apprenant sa mort, chacun s'est dit : « C'était un » homme vertueux ! » Et tous se sont empressés de rendre hommage à cette belle et noble existence, si courte mais si bien remplie ! »

Mme Mallac était revenue à Bordeaux, accompagnant les restes mortels de son mari. Si son cœur déchiré eût été accessible à la consolation, elle eût trouvé dans le dévoûment sans réserve, dans les soins compatissants dont l'entoura la famille de M. Mallac, un adoucissement à l'amertume de son chagrin. Mais sa douleur dépassait de bien haut les sommets que peuvent atteindre les consolations humaines. Cette douleur, généralement muette, avait quelque chose de particulièrement austère et désolé : jeune encore, elle se trouvait seule, avec cinq enfants, dans un monde où tout était nouveau pour elle, loin d'une famille qui la chérissait, d'un pays où tant d'amis sincères se fussent empressés de lui offrir un appui ; jusque-là, elle avait joui d'un bonheur aussi doux qu'uniforme, sans jamais se heurter aux aspérités de la vie qui s'aplanissaient devant elle par les généreux efforts de la plus tendre et de la plus vigilante prévoyance. Ce n'était pas seulement la ruine complète de riantes et légitimes espérances, c'était le délaissement, et ce délaissement spécial de l'exilé, trop éloigné de sa patrie pour songer au retour. Ainsi Dieu se plaisait à creuser plus large et plus profond le vide qui s'était fait autour d'elle, afin qu'elle se livrât avec un entier abandon à sa divine et tutélaire providence. Que pouvaient ses jeunes enfants pour calmer son chagrin? leurs jeux, leur insouciance de l'avenir, leur oubli du passé, contrastant avec leurs habits de deuil, ne faisaient que rendre plus pénibles tant d'incertitudes et raviver en elle de poignants souvenirs.

Cependant le Seigneur, qui perfectionne ceux qu'il aime en les conduisant par des voies crucifiantes, lui réservait encore une nouvelle affliction. Joseph, cet enfant bien-aimé, fut un jour rapporté mourant à sa mère, qu'une vague inquiétude, un secret pressentiment avait conduite à sa rencontre.

Surpris au milieu d'une promenade par un violent orage, et tandis que sa bonne, fuyant le danger, le tenait dans ses bras, il avait été frappé à la tête par un vase de fleurs que l'ouragan avait détaché d'un étage fort élevé. Dans le trouble qui suivit cet événement, et pendant que chacun s'empressait autour du petit blessé, Louise, jugeant son concours inutile, va se prosterner dans un coin écarté et prie avec une touchante ferveur. La foi, déjà si vive dans l'âme de cette enfant de neuf ans, lui avait appris à chercher le vrai secours auprès du Dieu puissant qui conduit aux portes de la mort et en ramène. Mais sa sœur, qui l'aperçoit, la reprend vivement de son apparente inaction; la douce enfant, sans s'émouvoir d'une réprimande qu'elle n'avait pas méritée, la suit aussitôt et se prête à ses désirs.

Echappé comme par miracle à cet affreux accident qui avait failli lui briser le crâne, le petit Joseph devint, quelques mois après, la victime du croup. C'était la quatrième fois que Mme Mallac envoyait au ciel un ange protecteur! Par ces coups réitérés, Dieu préparait de loin à un sacrifice plus complet cette mère chrétienne, toujours forte et généreuse en présence de la croix. Toutefois l'infinie miséricorde lui ménageait des motifs de consolation; ses enfants grandissaient autour d'elle, s'efforçant, malgré leur jeune âge, de lui faire oublier ses douleurs, et Louise, dans sa délicate et respectueuse tendresse, savait déjà répandre sur les blessures de ce cœur maternel un baume d'espérance et de paix.

CHAPITRE III

Première communion de Louise. — Sa vie de famille.

Tout entière à ses obligations de mère chrétienne, Mme Mallac, après avoir rappelé auprès d'elle son fils aîné, se consacra sans réserve à l'éducation de ses enfants. Louise, toujours remplie de bonne volonté, avait néanmoins beaucoup de peine à dominer une vivacité de caractère qui lui rendait difficile l'application à l'étude, et, parmi les devoirs que lui donnaient ses différents maîtres, il en était quelques-uns dont elle se dispensait volontiers. Nous l'avons souvent entendue rappeler avec de sincères regrets ce temps de son enfance : « J'étais si paresseuse, nous disait-elle, que je m'exemptais presque toujours de mes devoirs d'anglais ; mais comme il arrivait quelquefois à mon professeur de se laisser gagner par le sommeil au milieu de ses explications, j'en profitais aussitôt pour copier mon thème sur le cahier de ma sœur. La leçon de dessin se passait plus mal encore, les modèles qui m'étaient donnés me semblaient peu attrayants, et un jour, pour varier mes éssais, je me permis de reproduire ma maîtresse elle-même ; en vain je tentai de lui cacher mon ébauche, elle l'avait déjà aperçue, et me demanda qui j'avais voulu représenter : « C'est le portrait d'une dame de la ville !... » répondis-je avec un sérieux affecté, et j'osai le lui montrer.... »

Ces naïves accusations ne dévoilent-elles pas l'innocence d'une enfant privilégiée? Mais en nous faisant l'aveu de cette dernière espiéglerie, Louise n'ajoutait pas avec quel touchant repentir elle se soumit à la réparation que sa mère exigea d'elle, auprès de sa maîtresse.

Vers la même époque, on remarqua en elle une inclination naissante que Mme Mallac crut sagement devoir réprimer : c'était une extrême facilité à saisir et à relever dans les autres, d'une manière piquante et spirituelle, les moindres travers, les plus légers ridicules. Rien n'échappait à son regard pénétrant; mais au moindre signe de sa mère, comprenant sa faute, Louise s'arrêtait à l'instant; et telle fut toujours sa fidélité à se vaincre, qu'elle ne conserva de cette disposition qu'un à propos charmant, joint à une douce bienveillance dont elle avait trouvé le secret dans son cœur sensible et aimant. Plus tard, en repassant devant Dieu ces premières années où l'instinct de la nature est ordinairement le seul guide, sa conscience ne lui reprochait que ces légers entraînements, qu'elle regretta toujours comme de véritables fautes.

Le trait suivant montre avec quelle énergie elle suivait déjà le mouvement intérieur qui l'inclinait vers la pratique de la mortification. Un mets, objet des préférences de Louise, figurait journellement aux repas de famille.

Non contente de s'en imposer la privation, la généreuse enfant acceptant toujours la part qu'on lui offrait, en respirait le parfum afin de rendre son acte plus méritoire, plus agréable à Dieu, puis la jetait au feu.

Cependant Louise suivait avec sa sœur les catéchismes préparatoires à la première communion, et se livrait d'avance à la joie que lui promettait un si beau jour; mais Mme Mallac, craignant que sa fille, toujours vive et gaie, ne comprît pas assez l'importance de cette grande action, la lui fit différer jusqu'à l'âge de treize ans. Une si longue attente avait singulièrement animé ses désirs et consolidé sa piété; toutefois cette préparation ne lui parut point encore suffisante : trois mois avant la solennité de la Fête-Dieu, 10 juin 1846, époque fixée pour la première communion, la sainte enfant demanda et obtint la permission de cesser toute étude, d'écarter toute préoccupation étrangère, afin de mieux disposer son âme à devenir le tabernacle du Seigneur. Elle appelait ce temps de recueillement celui de sa *première conversion ;* il fut sanctifié par la prière, les instructions, les lectures pieuses et les œuvres de charité : ainsi Louise voulut confectionner les vêtements de deux enfants pauvres qui devaient s'approcher avec elle de la table sainte. Ces généreux efforts appelèrent les plus douces bénédictions de Notre-Seigneur; aussi, le jour de sa première communion, était-elle, suivant l'expression de sa mère, « tout *imbibée* de foi et de désirs. » Pendant les derniers préparatifs, consacrés à la toilette d'usage, profondément recueillie, étrangère à tout, elle s'abandonnait avec une indifférence complète aux soins de sa mère et de sa sœur; les saintes aspirations de son âme devançaient l'heure bénie, déjà ses pensées n'appartenaient plus à la terre, Dieu seul en était l'objet. Pendant la cérémonie, elle fut ravissante de candeur et de piété; conduite, quelques heures après, au lieu de la sépulture de son père, elle y pria avec toute l'effusion de sa tendresse filiale. « Je croyais voir un ange descendu du ciel au pied de cette tombe, » nous disait encore Mme Mallac. Le moment de la rénovation des vœux du baptême et celui de la consécration à la sainte Vierge ne furent pas moins touchants : sur son front, tour à tour grave et radieux, rayonnait la pureté de son âme; ses paroles respiraient le bonheur; toutes les personnes qui l'approchèrent en ce jour restèrent frappées d'une sorte d'admiration et pénétrées de la douce influence de la grâce qui environnait cette enfant et semblait rejaillir autour d'elle. Au sortir de l'église, la supérieure des Dames de Nevers, intimement liée avec Mme Mallac, lui disait : « Désormais, votre Louise ne vous appartient plus, elle est toute à Dieu ! » En effet, Notre-Seigneur, prenant ses délices dans cette âme si pure, venait de lui faire comprendre qu'il la voulait sans partage, et Louise avait répondu par une généreuse offrande à cette douce et pressante invitation. Toute sa vie elle garda de cette journée un consolant souvenir. « Oui, nous a-t-elle souvent répété, j'en ai la confiance, j'ai bien fait ma première communion. » Elle en parlait encore sur son lit de mort, et souvent, à mains jointes, elle a remercié sa mère de l'y avoir préparée avec tant de sollicitude. Tout ce qui lui rappelait ce beau jour avait pour elle un prix inestimable; elle conserva avec un pieux respect le petit catéchisme qui lui avait servi avant sa première communion; il était orné d'images, récompenses de son assiduité aux instructions. Le plus habile relieur de Bordeaux avait eu ordre d'employer tout son art à l'embellissement de ce précieux souvenir, dont Louise, devenue religieuse, ne se détacha qu'en faveur de son frère. Qui ne verrait dans cette simple circonstance une preuve de la vivacité de sa foi? Pourrait-elle paraître puérile aux yeux du chrétien qui connaît tous les trésors de vérité renfermés dans le catéchisme des petits enfants?

Un mois après sa première communion, Louise reçut des mains de Mgr Donnet le sacrement de confirmation; l'Esprit-Saint ne trouvant dans son jeune cœur aucun obstacle à l'effusion des grâces divines, y versa la plénitude de ses dons.

La joie pure et intime qu'elle avait goûtée à la table sainte, lui donna un attrait irrésistible pour la communion, et dès lors, son confesseur ne craignit point de l'admettre, chaque semaine, au céleste banquet. A cette source sacrée, Louise puisa la force de réprimer la vivacité de son caractère : là son âme, en se purifiant, s'embrasa pour son Dieu d'un amour tendre et généreux; là enfin elle se prépara à s'unir à lui par des liens irrévocables. Depuis longtemps elle avait entendu la voix du Seigneur, et, bien loin de cacher l'appel mystérieux qui l'inclinait vers lui, la pieuse enfant, dès l'âge de dix ans, avait déclaré sa vocation. A toutes les plaisanteries dont cette assertion prématurée devenait le prétexte, elle répondait invariablement : « Je serai religieuse. » Ses oncles, son frère surtout, s'amusaient souvent à lui opposer des doutes auxquels son caractère vif et enjoué donnait bien quelque fondement. « Toi religieuse! lui disaient-ils en riant, tu ne le seras jamais... tu es trop remuante et trop dissipée... ta sœur, à la bonne heure, elle est calme et raisonnable; mais toi, c'est impossible! si tu entres au couvent, nous t'en verrons bientôt sortir... » Cette amusante contestation, loin de l'intimider, l'animait de plus en plus. « Eh bien, vous verrez!... » répondait-elle avec une assurance que rien ne pouvait ébranler, et son âme s'attachait avec ardeur au trésor dont on semblait vouloir lui ravir l'espérance. Quant à Mme Mallac, elle n'eut jamais aucun doute à ce sujet; elle traita toujours sa chère enfant avec une respectueuse affection, comme un dépôt sacré appartenant au Seigneur; elle la voyait croître chaque jour en ferveur et en piété; la grâce établissait visiblement son empire dans cette âme droite et pure. Docile à toutes les impressions vertueuses, Louise semblait n'avoir de volonté que pour se vaincre; un seul trait nous fera juger de sa prompte énergie quand il s'agissait d'accomplir ce qu'elle croyait un devoir.

Peu de temps après sa première communion, elle obtint la faveur de suivre avec sa sœur aînée les exercices d'une retraite donnée à Notre-Dame de Verdelais, pèlerinage célèbre situé près de Bordeaux. Nul voyage ne pouvait offrir plus d'attrait à la pieuse enfant : elle allait passer huit jours entiers près d'un sanctuaire vénéré, dédié à sa Mère chérie.

En remontant le Garonne, de Bordeaux jusqu'à la Réole, on arrive dans un site pittoresque que domine une chapelle consacrée à la Mère du Sauveur, et connue sous le nom de Notre-Dame de Verdelais. Des miracles fréquents s'y opèrent encore, des *ex-voto* de tout genre témoignent à la fois de la confiance des fidèles et de la puissance de Marie; des laïques, des religieux de divers ordres, des prêtres, des évêques même, se pressent dans l'enceinte bénie pour offrir leurs hommages et confier leurs vœux à la Reine des anges. Afin de subvenir aux besoins spirituels des pèlerins, les RR. PP. Maristes ont établi à Verdelais une de leurs communautés, et, deux fois par an, les exercices d'une retraite attirent des environs un grand nombre de personnes pieuses. Ce fut à l'une de ces retraites que Mme Mallac conduisit ses filles, pratique qu'elle renouvela depuis chaque année. Louise n'eut pas plus tôt entrevu la haute stature et entendu la voix sonore du prédicateur, que, saisie d'une frayeur étrange, elle déclara qu'elle n'oserait jamais se confesser à lui. Vainement on lui assura qu'elle était libre de s'adresser à un autre prêtre : cette décision ne put tranquilliser sa conscience; elle croyait plus convenable de se confesser au Père qui donnait la retraite. Elle résolut donc de s'armer de courage, de vaincre à tout prix une appréhension sans cause, il est vrai, et toutefois si pénible. Le jour de la confession arrivé, Louise, à l'insu de sa mère, prend les devants, et quelle n'est pas la surprise de Mme Mallac, en entrant à l'église, d'apercevoir sa chère enfant dans le confessionnal du Père tant redouté. Au retour, elle l'interroge sur le motif de sa conduite : « Mais, répond Louise avec simplicité, j'ai pris mon parti, je me suis dit : Tu iras ! » Ces paroles la caractérisent tout entière et nous révèlent le secret de sa fidélité au devoir : c'était chez elle *un parti pris.*

La fin de la retraite répondit à ce généreux début; Louise en suivit tous les exercices avec une piété et une attention bien au-dessus de son âge; en effet, la gaîté de son caractère n'excluait pas le sérieux, et la précoce maturité de son jugement trouvait un aliment salutaire dans les pensées habituelles de la foi. Dès l'âge de douze ans, on la voyait prendre un vif intérêt aux lectures faites en famille, et quitter volontiers ses jeux pour les graves enseignements de Bossuet et de Fénelon; seule, elle donnait des heures entières à la lecture de la vie des saints; elle recueillit aussi dans un petit album, que nous conservons encore, les passages du saint Evangile qui l'avaient le plus frappée.

Déjà se dévoilait dans ses réflexions enfantines, l'esprit de foi qui devint plus tard le mobile et le fondement de ses vertus : un jour elle disait gravement à sa plus jeune sœur : « Sais-tu qu'il y a au ciel un ange qui écrit toutes nos bonnes actions; mais il n'est pas content quand nous nous en vantons, et pour nous punir, il les efface de son grand livre. » On retrouvait jusque dans ses amusements le caractère de piété dont ses moindres actes étaient empreints.

Ainsi que nous l'avons vu, une de ses plus chères distractions était le chant de saints cantiques dont les paroles redisaient les sentiments de son cœur; elle répétait souvent ce refrain qu'elle aimait :

Allez, ô mon bon ange,
Dire à mon Bien-Aimé,
Que ma peine est étrange
Depuis qu'il m'a charmé;
Loin de Jésus que j'aime,
Mon cœur est languissant,
Et c'est son amour même
Qui fait tout mon tourment.

Pendant de longues semaines, elle consacra toutes ses heures de récréation à confectionner des vêtements religieux de divers ordres, et lorsque ses jeunes amies se réunissaient chez elle, Louise les distribuait selon les attraits de chacune; puis elle conduisait la petite communauté dans son oratoire pour y psalmodier l'office de la sainte Vierge. Parfois, s'habillant encore en religieuse, elle prenait un crucifix, un chapelet et un livre qu'elle appelait son livre de règles, s'étendait sur un canapé, et là, immobile, les mains jointes, les yeux baissés, elle disait à sa mère et à sa sœur : « C'est ainsi que je serai après ma mort ! » Et lorsqu'on s'étonnait de ces lugubres scènes, elle s'écriait : « Mais qu'est-ce donc que la mort, sinon le plus grand des bonheurs? pourquoi s'en effrayer?. . » Souvent, les jours de grande fête, on l'entendit répéter avec transport : « Oh ! que je serais heureuse de mourir ! le ciel doit être si beau aujourd'hui !... »

Toutefois, deux ans après sa première communion, Louise sembla se relâcher un peu de sa ferveur; et ce temps, qu'elle déplora toujours, fut, selon sa propre expression, « celui de ses égarements, de ses grandes iniquités. »

En 1848, Mme Mallac fut rejointe à Bordeaux par l'une de ses sœurs, accompagnée de sa nombreuse famille, que l'orage révolutionnaire obligeait à quitter Paris. Cette arrivée rompit l'uniformité de la vie calme et sérieuse à laquelle Mme Mallac avait accoutumé ses enfants. Les deux familles passèrent ensemble quelques mois à la campagne, et Louise, avec toute l'ardeur de son caractère, prenait une large part aux plaisirs variés que lui procurait cette heureuse réunion. Un jour, on choisit pour but de promenade un moulin situé sur la jalle de Blanquefort, ruisseau pur et limpide qui coule à travers une riante campagne, sur un lit de sable argenté. Il semblait à tous revoir les eaux courantes des colonies, et le charme allant toujours croissant, on se trouva bien loin du pont lorsqu'il fallut songer au retour; revenir sur ses pas était presque impossible, il ne restait plus qu'une seule ressource : traverser le ruisseau à gué. L'endroit était désert, les eaux fort basses, et quelques pas suffirent pour rejoindre l'autre rive. Ce mode de passage eut des charmes pour les plus intrépides qui, pendant un quart d'heure, prolongèrent leur course joyeuse dans la petite rivière; Louise était du nombre, et ce qui ne lui parut alors qu'une innocente récréation, devint plus tard à ses yeux une faute sérieuse; elle l'appelait même « la plus grande iniquité de sa vie; » elle ne pouvait se pardonner d'avoir ainsi marché pieds nus devant ses cousins au-delà du temps nécessaire ; et pendant sa dernière maladie, le seul souvenir de ce léger manquement de réserve la remplissait encore de confusion et de regrets. Elle se reprochait aussi avec amertume la négligeance qu'elle apporta à la même époque dans l'accomplissement de ses devoirs de piété. Au milieu de l'agitation de cette vie animée, Mme Mallac s'efforçait de ménager à ses filles quelques instants de calme consacrés à de pieux entretiens ; mais Louise commençait à trouver plus d'attraits dans cette nouvelle existence, plusieurs fois elle refusa d'accompagner sa mère et sa sœur à la sainte messe qu'elle entendait ordinairement chaque jour : « Je n'irai pas ce matin, disait-elle, ma cousine m'attend pour une promenade. » La veille d'une fête, elle remit sa communion, alléguant qu'elle n'était pas suffisamment préparée. Mme Mallac conçut à cet égard des inquiétudes qu'elle communiquait un jour à sa fille aînée, quand Louise entra joyeusement et s'informa du sujet de la conversation : « Nous parlons de vous, chère enfant, lui répondit sa mère, et nous nous affligeons de vous voir un peu refroidie pour vos exercices de piété. » Il n'en fallut pas davantage; Louise fondit en larmes, témoigna les plus vifs regrets, et demanda avec instances à sa mère et à sa sœur de l'avertir toutes les fois que sa dissipation lui ferait oublier ses devoirs. A partir de ce moment, on la vit toujours aimable, mais recueillie, se prêter, sans s'y livrer jamais, aux délassements qui lui étaient offerts; attentive au plus léger signe de sa mère, elle semblait chercher dans son regard la règle de sa conduite. Bientôt elle se remit assidûment à l'étude et reprit avec ardeur ses pieux exercices. La lecture de la vie de saint Louis de Gonzague la confirma puissamment dans son désir d'être toute à Dieu; elle choisit cet aimable saint pour protecteur. Louise était alors âgée de quinze ans : elle datait de cette époque sa *seconde conversion* qui fut irrévocable. On la vit dès lors avancer rapidement dans la pratique des vertus solides et surtout de l'abnégation. Déjà elle avait compris et s'appliquait à réaliser cette parole du divin Maître : « Si quelqu'un veut être mon disciple qu'il se renonce lui-même. » Constamment occupée des autres, sacrifiant à leur bonheur ses satisfactions personnelles, elle s'oubliait, se comptait pour rien; et là, sans doute, fut le secret du charme qu'elle répandit toujours autour d'elle.

Mme Mallac avait quitté Bordeaux en 1849, et était venue se fixer à Paris, avec ses quatre enfants, pour y surveiller les études de son fils aîné. Ce changement n'apporta aucune modification aux habitudes calmes et réglées de la pieuse famille que l'on pouvait justement comparer à une fervente communauté. L'ordre des différentes actions de la journée était déterminé à l'avance et gardé avec une exacte fidélité : quelle que fût la rigueur de la saison, le lever, sans feu, était fixé à six heures, et suivi de la méditation, puis de la sainte messe. Le reste du jour se partageait entre le travail, l'étude, la lecture d'ouvrages édifiants ou instructifs, les œuvres de charité, et les réunions de famille, dont Louise, par sa gaîté affectueuse, était l'âme et la vie. Enfin la prière du soir, faite en commun avec les domestiques, terminait la journée. La confession avait lieu tous les quinze jours, et les exercices d'une retraite annuelle entrait aussi dans le plan d'une vie si éminemment chrétienne. A Bordeaux, Mme Mallac avait organisé une réunion de personnes pieuses qui s'occupaient à confectionner du linge et des habits pour les malheureux; à Paris, elle conduisait ses filles chez les Sœurs de la Charité, où elles raccommodaient de leurs mains les vêtements usés des indigents. Mme Mallac faisait aussi partie de l'association établie en faveur des pauvres malades, et Louise avait le privilége d'aller visiter avec elle certaines infortunes qu'on ne connaît souvent que pour les avoir vues décrites dans la vie des saints. Ce fut par ces visites que, dès son enfance, elle se prépara toujours à la célébration des grandes solennités. Attentive à procurer à ses protégés d'utiles adoucissements, elle voulait qu'eux aussi participassent à la fête; la veille, elle achetait elle-même les provisions nécessaires à un bon pot-au-feu, et, sans laisser à personne le soin de les porter, elle les distribuait avec une joie qui éclairait de quelques rayons de bonheur les misérables réduits témoins de sa délicate charité. Elle avait aussi ses pauvres habitués sur le chemin, souvent parcouru, de la maison à l'église. Sa présence seule les réjouissait; en la voyant passer, ils souriaient avec bonheur; le sentiment d'une douce confiance les guidait vers la charitable enfant. Louise n'avait pas de plus grande satisfaction que de les surprendre, en échangeant la petite pièce de monnaie accoutumée contre une aumône plus abondante, et elle aimait à entendre la bénédiction du pauvre l'accompagner jusque dans la demeure de Dieu.

Du reste, sans sortir de la maison maternelle ouverte à tous les malheureux, elle trouvait chaque jour l'occasion de satisfaire le penchant de son cœur; là, ses douces paroles étaient pour tous un baume de consolation; sans jamais les faire attendre, elle les accueillait avec une bonté touchante; sans jamais se lasser de leurs importunités, elle écoutait avec une tendre compassion le long récit de leurs souffrances; ils se retiraient doublement soulagés, exprimant tout haut leur reconnaissance pour tant de bienveillance et de charité.

Tels étaient les délassements de la sainte enfant; et tandis que tant de jeunes personnes cherchent, sans le trouver jamais, un bonheur passager dans les fêtes bruyantes du monde, Louise goûtait, dans le calme, des jouissances d'autant plus douces et plus abondantes, qu'elles étaient souvent le prix de bien des sacrifices connus de Dieu seul.

Les petits enfants partageaient avec les pauvres ses plus tendres prédilections; dans ses sorties, elle restait parfois en arrière pour sourire à ceux qu'elle rencontrait, et se réjouissait de leur surprise à l'aspect des bonbons qu'elle leur glissait furtivement; les plus misérables étaient toujours les mieux partagés. Elle avait remarqué une charmante petite fille de trois ans dont les vêtements annonçaient la dernière indigence; un jour elle l'envoya chercher, fit disparaître elle-même les traces de l'affreuse malpropreté qui la défigurait, la revêtit des habits qu'elle lui avait préparés, et la renvoya, munie d'un bon goûter, à sa pauvre mère, dont la joie fut aussi vive que la reconnaissance. Souvent elle faisait provision de jouets pour les enfants des familles qui formaient le cercle intime de sa mère. A certains jours, elle obtenait la permission de réunir la joyeuse troupe à laquelle la maison était alors livrée; Louise, secondée par sa plus jeune sœur Joséphine, en faisait les honneurs; les jeux se succédaient longtemps sous l'inspiration de sa gaîté, et lorsque arrivait enfin le moment du départ, elle distribuait ses trésors aux petits invités, avec cette grâce aimable qui relève le prix des moindres dons. Le charme du reste était réciproque : les enfants se groupaient instinctivement autour d'elle, et sortaient de ces petites fêtes, si heureux, si enchantés, que leurs parents leur demandaient avec surprise : « Mais que fait donc Melle Louise Mallac pour que vous l'aimiez tant? » L'un d'eux, interrogé de la sorte, répondit dans sa naïve simplicité : « Elle est cinquante mille fois bonne!... »

Cet attrait pour l'enfance, Louise le conserva dans la vie religieuse : chargée longtemps de la surveillance des parloirs, elle appelait par un aimable sourire les enfants qui s'y trouvaient, les caressait, inventait pour eux mille petits amusements; et ceux-ci, loin de s'effrayer de son costume religieux, entouraient joyeusement sa table, paraissant oublier auprès d'elle leur timidité ou leur pétulance.

La jeunesse de Louise s'écoula ainsi dans la sérénité d'une douce vie de famille; cette vie, telle que nous l'avons décrite, paraîtra peut-être triste et sérieuse, cependant elle avait un charme indicible. C'était la paix, la concorde, l'abondance des bénédictions célestes ; Louise animait tout, ravivait tout par son aimable gaîté, et la bonté de son cœur se traduisait par des témoignages constants de la plus aimable et de la plus délicate affection.

Sans vouloir pénétrer davantage un bonheur trop intime pour être exprimé, rappelons seulement les souvenirs profonds qu'il laisse encore à ceux qui l'ont goûté : « Qui pourrait dire les joies de notre modeste foyer? écrivait le frère de notre chère Louise en rappelant ces années trop courtes, passées auprès d'une mère et de sœurs chéries. Dieu se plaisait sans doute à verser lui-même l'abondance et le bonheur au milieu de nous, et nous le devions aux prières, aux aumônes, aux bonnes œuvres de toute nature de celles qui s'étaient remises avec confiance entre ses mains. Il y avait dans nos joies simples et pures un certain charme que je n'ai jamais retrouvé et dont je n'ai jamais entendu parler. Etait-ce une grâce particulière de Dieu, ou l'effet naturel de la présence de l'ange de bénédiction que le Seigneur nous avait donné pour si peu de temps? Je ne saurais le dire. »

Ainsi, lorsque Louise quitta sa famille pour le toit béni du Sacré-Cœur, elle ne fit qu'échanger les joies de la piété chrétienne contre les délices incomparablement plus grandes de la perfection religieuse. Sur son lit de mort, on l'entendit répéter avec tout l'élan de la reconnaissance : « J'ai toujours été heureuse! heureuse dans ma famille, plus heureuse encore dans ma famille religieuse; heureuse d'y vivre, et maintenant heureuse, oui, mille fois heureuse, d'y mourir!... »

CHAPITRE IV

Vocation. — Entrée au noviciat.

Louise, si bien préparée à la pratique des conseils évangéliques, voyait avec bonheur approcher le moment où elle pourrait enfin réaliser ses plus douces espérances en se consacrant sans réserve au service du Dieu qu'elle voulait uniquement aimer. En arrivant à Paris, Mme Mallac et sa fille avaient choisi pour directeur le R. P. Marquet, de la compagnie de Jésus. Sous la conduite de ce guide expérimenté, la vocation de Louise s'affermit et se développa. A l'âge de dix-sept ans, elle crut que le moment d'accomplir ses pieux desseins était arrivé; sa mère, loin d'opposer des obstacles à cet appel de Dieu qu'elle pressentait depuis longtemps, s'en réjouit comme d'une faveur insigne et vint puissamment en aide à sa chère enfant par des conseils sages et éclairés.

Toutefois Dieu permet rarement que la grâce de la vie religieuse ne soit point achetée par le sacrifice; la croix est la source des bénédictions célestes : elle ne devait point manquer à cette âme privilégiée. La santé de Louise s'altéra tout à coup; des rhumes fréquents et une grande faiblesse de poitrine donnèrent de sérieuses inquiétudes; elle seule ne se troubla point; elle se tourna avec confiance vers la très-sainte Vierge, son refuge ordinaire, et bientôt un mieux sensible se manifesta. Cependant le R. P. Marquet jugea qu'il fallait attendre une parfaite guérison, et remit au printemps suivant l'exécution du grand projet, avec la condition expresse qu'elle passerait l'hiver entier sans prendre un seul rhume. Selon les prévisions humaines, la condition était impossible à remplir ; mais la pieuse enfant espéra tout du secours de Marie ; elle dit à sa mère : « Ne prenez point pour moi de précautions extraordinaires auxquelles on attribuerait peut-être mon rétablissement ; j'ai fait mes conventions avec la sainte Vierge, elle seule doit me guérir, et je veux qu'on le sache. » En effet, durant toute la mauvaise saison, Louise alla chaque jour à la messe de sept heures, suivit avec sa mère et sa sœur les stations de l'avent et du carême sans éprouver aucune atteinte de son mal. « Le miracle dure-t-il encore ? lui demandait quelquefois son directeur. — Oui, répondait-elle naïvement, la sainte Vierge me couvre de son manteau pour me garantir du froid. » Le R. P. Marquet crut voir dans cette protection de Marie une manifestation de la volonté de Dieu, et, le carême passé, résolut de se prononcer définitivement. La question de l'appel à l'état religieux n'offrait aucun doute ; mais Louise n'était pas encore fixée sur le choix d'une communauté ; elle connaissait de nom le Carmel, la Visitation ; toutefois elle ne songea pas à y entrer, la seule pensée de la clôture, des grilles, lui causait alors une terreur insurmontable. D'ailleurs, elle sentait un besoin immense de dévoûment; sa nature ardente et généreuse voulait se dépenser à la gloire de Notre-Seigneur; sacrifier ses forces et sa vie pour lui gagner des âmes, tel était son vœu le plus cher; elle désirait allier les exercices intérieurs de la vie contemplative aux œuvres de zèle de la vie active. Son directeur, à qui ses attraits n'étaient point cachés, lui eût tout d'abord indiqué l'ordre du Sacré-Cœur; mais connaissant aussi sa répugnance pour la clôture, il ne crut pas devoir lui parler d'une congrégation où la clôture, sans être aussi sévère que dans les anciens ordres religieux, n'en est pas moins exacte et obligatoire.

Des rapports intimes d'amitié unissaient depuis longtemps Mme Mallac et sa fille à la communauté des Dames de Nevers, et leurs vues s'étaient naturellement dirigées de ce côté; mais le R. P. Marquet ne jugea point que Louise, avec sa faible santé, pût soutenir une vie entièrement dévouée aux œuvres extérieures les plus fatigantes. Elle se soumit avec foi, et, malgré l'ardeur de ses désirs, attendit que Dieu lui fît connaître sa volonté par la voix de l'obéissance.

Le Seigneur a sur les âmes qu'il aime « des pensées qui ne sont point nos pensées ; » toujours miséricordieuses, elles sont parfois crucifiantes. Le R. P. Marquet fut à ce moment appelé à la résidence de Nantes ; cette épreuve, bien sensible en elle-même, s'augmentait encore par l'état d'incertitude où se trouvaient Louise et sa mère. Privées des conseils de ce digne religieux, livrées à des décisions contradictoires et tout à fait opposées à la première direction qu'elles avaient reçue, elles passèrent plusieurs mois dans de cruelles perplexités. Mme Mallac voyait avec douleur sa chère enfant, ainsi ballottée, se consumer de désirs ; elle résolut alors de consulter de vive voix son ancien directeur et partit pour Nantes. Dieu, sans doute, inspira à celui-ci la pensée de tout remettre aux lumières du R. P. Bertrand, que ses rapports avec diverses communautés de Paris rendaient plus propre que tout autre à décider cette importante affaire. « Il vous offrira, dit-il, par son caractère et sa prudence des garanties bien particulières de sagesse et d'esprit de Dieu. Il vient tout dernièrement, je le sais, d'avoir à constater, pour d'excellentes vocations religieuses en général, le très-grave inconvénient de n'avoir pas mis assez de prudence dans le choix particulier. Puis il ajouta ces paroles consolantes : « Ma conviction intime est que Notre-Seigneur ne permettra jamais que son enfant dévouée fasse fausse route. Des souffrances, des épreuves, oui ; mais des erreurs préjudiciables aux vrais intérêts de son âme, jamais ! » En effet, c'était par l'organe du R. P. Bertrand que Dieu devait enfin manifester sa volonté. De retour à Paris, Mme Mallac s'empressa de lui exposer la situation. « Que n'allez-vous au Sacré-Cœur ? » lui fut-il aussitôt répondu. Mme Mallac et sa fille ne connaissaient alors le Sacré-Cœur que par certaines préventions, malheureusement trop répandues, même parmi les personnes pieuses. Elles avaient peine à comprendre comment la vie religieuse, vie essentiellement humble, pauvre, mortifiée, pût se trouver avec son intégrité et sa ferveur dans un ordre dépouillé, du moins en apparence, de toute austérité, et paraissant même, à l'extérieur, se prêter à quelques bienséances du monde. Elles ignoraient que la nature des œuvres auxquelles se dévouent les membres de la Société du Sacré-Cœur, leur impose seule cette triste nécessité ; si elles avaient pu en étudier les constitutions, sans doute elles eussent été singulièrement frappées de ces paroles que le monde, dans ses appréciations toutes superficielles, s'attendrait peu à y rencontrer ; paroles souvent répétées et renfermant l'esprit propre qui doit animer les religieuses du Sacré-Cœur : « Si elles n'écoutaient que les mouvements de leurs cœurs, lisons-nous dès les premières pages de nos règles, elles devraient désirer de ne présenter en elles que les humbles livrées de Jésus-Christ, et que, dans tout ce qui est à leur usage,.... tout n'exprimât, comme cela se pratique dans certains ordres, que la pauvreté et l'humiliation de Jésus-Christ.... Consacrées autant qu'il est en elles au salut et à la perfection du prochain, elles ont embrassé un genre de vie ordinaire, simple et commun en apparence, de manière à ne rien présenter à l'extérieur qui puisse offenser les yeux, effrayer l'imagination et éloigner les âmes qu'elles désirent si ardemment gagner à Dieu.... Mais si pour sa gloire, et pour lui attirer des âmes trop faibles pour soutenir la vue d'un extérieur pauvre et humilié, elles sont obligées d'accorder quelque chose à la bienséance et aux faiblesses du monde, elles s'efforceront d'imprimer chaque jour plus profondément dans leurs cœurs l'amour de l'abjection, de l'humiliation et de la pauvreté.... Cette vocation si noble et si sublime détermine assez par elle-même les vertus qui doivent les caractériser..... » Et parmi ces vertus essentielles, la règle met au premier rang « un profond mépris du monde et de tout ce qui fait l'objet de son estime et de son ambition; épouses de Jésus-Christ humilié, pauvre, crucifié, elles doivent avoir en horreur tout ce qui est en opposition avec l'esprit et le cœur de leur divin Epoux. »

Mme Mallac et sa fille, craignant de trouver peut-être au Sacré-Cœur l'esprit du monde et ses funestes conséquences, au lieu de la pauvreté et de la mortification religieuse qu'eût demandées leur ferveur, exprimèrent leurs appréhensions au R. P. Bertrand; celui-ci répondit en souriant : « Eh bien ! essayez, vous direz bientôt : Il y en a assez. » De ce regard pénétrant que donnent l'expérience des âmes et l'assistance de l'Esprit-Saint, il avait vu que Louise était appelée à cette société; toutefois, pour le moment, il n'insista pas davantage; il l'exhorta à prier, à attendre la lumière divine. Notre chère Louise souffrait extrêmement de ces pénibles indécisions, mais persévérait dans son invariable volonté de se donner à Notre-Seigneur, résolue de frapper à toutes les portes jusqu'à ce qu'elle eût trouvé le chemin qui devait la conduire à Dieu, fallût-il pour cela aller aux extrémités du monde !

Mme Mallac professait pour l'institut des Jésuites la plus profonde vénération; elle y admirait la force de l'esprit apostolique unie à toute la ferveur de la vie religieuse, et souvent elle avait regretté qu'il n'existât point pour les femmes de congrégation fondée par les enfants d'Ignace et basée sur les constitutions de leur bienheureux Père. Elle ignorait que depuis longtemps son vœu le plus cher était réalisé, et que l'ordre du Sacré-Cœur possède, sauf les modifications nécessitées par les œuvres et les circonstances, les règles de la Compagnie de Jésus, et s'efforce d'en retracer l'esprit. Trompée par une fausse interprétation d'un passage de la vie de saint Ignace, elle s'était persuadé que le saint fondateur de la Compagnie avait même défendu à ses enfants d'établir des communautés de femmes; mais, dans sa foi pleine de simplicité, elle ne désespéra point d'obtenir du saint lui-même la révocation d'un statut qu'elle déplorait amèrement. Dans ce but, elle passa une nuit entière devant le Saint-Sacrement, exposé chez les Sœurs de la Charité. Là, dans une prière fervente, elle conjura Notre-Seigneur de l'éclairer, et, avec toute la vivacité de sa confiance, elle demanda qu'un jour fût fondé l'ordre qu'elle désirait si ardemment, afin que si sa fille n'avait pas le bonheur de rencontrer une congrégation animée de l'esprit de la Compagnie, d'autres âmes, du moins, pussent jouir de cette faveur. Notre-Seigneur jeta sans doute un regard de miséricorde sur cette généreuse mère, qui, au moment d'accomplir un immense sacrifice, cherchait encore les moyens de le rendre plus parfait et plus agréable à sa divine Majesté. Louise fut toujours convaincue que Dieu avait accordé à cette nuit de supplications ferventes la grâce de sa vocation au Sacré-Cœur; le bonheur qu'elle y a goûté et les bénédictions abondantes dont cette première vocation a été la source pour sa vertueuse famille, lui en furent une preuve sensible. Plus tard, sa mère elle-même aimait à redire aux Sœurs de Charité qui venaient la visiter dans sa retraite de Conflans : « J'ai demandé un miracle dans votre chapelle, et il m'a été accordé plus qu'un miracle. »

Le lendemain, Mme Mallac et sa fille, ayant revu le R. P. Bertrand, se hasardèrent à lui exprimer leur surprise de ce que les Jésuites, toujours si zélés pour la gloire de Dieu et le bien des âmes, n'eussent jamais pensé à donner leur esprit et leurs constitutions à quelque congrégation de femmes. L'humble religieux répondit avec son calme et sa mansuétude ordinaires : « Mais, je vous l'ai déjà dit, cet ordre est tout fondé ; c'est le Sacré-Cœur. »

Ces mots furent un trait de lumière; elles crurent, et Dieu bénissant cet abandon simple et confiant, leurs préventions s'évanouirent. Toutes deux répondirent spontanément : « Cela suffit, mon Père, nous ne chercherons pas davantage. »

Dès lors, aux perplexités succéda l'assurance d'avoir enfin compris la volonté divine; la répugnance de Louise pour la clôture avait disparu; une paix, une joie indicibles répandaient déjà dans son âme un avant-goût du bonheur qui l'attendait dans l'asile béni où elle allait bientôt se consacrer à l'amour et au culte du divin Cœur. Toute pénétrée de ces douces impressions, elle écrivit aussitôt au R. P. Marquet, et en reçut les lignes suivantes .

« Nantes, 4 juin 1852.

» Je ne m'attendais pas, je l'avoue, à ce dénouement dans l'affaire de votre vocation. Mais je vous dirai tout de suite que je suis extrêmement porté à y voir l'intervention de Dieu et de son divin Esprit.

» Il est certain que vous trouverez au Sacré-Cœur la vie religieuse dans toute sa vérité et avec tout le développement désirable.

» Si véritablement vos dispositions sont changées à cet égard depuis les explications données, et qu'au lieu d'éloignement, il y ait maintenant goût et désir prononcé pour ce genre de vie, encore une fois, voyons là une grâce toute spéciale du divin Maître. Soyez-lui en mille fois reconnaissante, et prenez, dans l'espérance et la joie de votre cœur, la sainte route de Conflans. Le mien, bien entendu, ma chère enfant, sera aussi du voyage, et, pour mieux le constater, je tiens à vous donner un mot à l'adresse de la maîtresse des novices. Il me sera doux que vous ne frappiez pas à cette porte sans l'intervention de votre pauvre ancien père que vous avez *retrouvé*, dites-vous, et dont pourtant vous ne vous intitulez plus que l'*humble servante*. Oh ! ce n'est pas assez !...

» Si vous avez enfin trouvé votre voie véritable, la croix, cette fois encore, aura tenu ses promesses et servi de prélude aux plus abondantes bénédictions. »

La réponse du R. P. Marquet confirmait les espérances de notre chère Louise et comblait ses désirs. Elle se hâta, suivant le conseil du bon père, de prendre « la sainte route de Conflans, » accompagnée de sa mère et de sa sœur aînée. L'impression fut, de part et d'autre, ce qu'on pouvait en attendre. Louise, pour nous servir encore de l'heureuse expression du R. P. Marquet, « portait sa vocation écrite sur son front et dans ses yeux. » En franchissant le seuil béni de cette solitude qu'elle devait tant aimer, elle sentit à la douce joie qui inonda son âme, que c'était vraiment là que Dieu l'avait appelée ; elle avait enfin trouvé « le lieu de son repos. » Dès ce moment, le doute lui devint impossible; il ne restait plus qu'à fixer le jour de sa prochaine entrée. A cette époque, sa sœur aînée était sur le point de s'établir; il fut donc convenu que Louise attendrait quelques mois encore, et qu'aussitôt après le mariage de sa sœur, elle commencerait son postulat. Toujours fidèle à la ligne d'obéissance qu'elle s'était prescrite et dont elle ne dévia jamais, Louise sut encore modérer ses désirs.

Le R. P. Marquet l'encouragea de nouveau par la lettre suivante datée du 17 juin :

« Comme vos peines, vos joies me sont contagieuses, et la lecture de votre lettre m'a rempli de consolation. Oui, *Notre-Seigneur est bon pour vous.* Je voudrais vous le dire et redire en vingt pages, et je dispose, hélas! de quelques minutes à peine.

» Que je suis heureux que Conflans vous ait fait un si gracieux accueil! Sans doute, que ce jour-là, sans le savoir, vous portiez toute votre vocation écrite sur votre front et dans vos yeux. Cette écriture-là valait mieux et a plus fait que la mienne.

» Après cela il est sûr que j'avais parlé de cœur et n'avais point dit de mal de la future sœur Louise.

» ... Trois mois seront bientôt passés, surtout dans la sérénité et la douce espérance qu'il a plu à Notre-Seigneur de vous donner, et certes! ce n'est pas trop accorder à madame votre mère, si admirablement courageuse!

» Et à vous aussi, ma pauvre enfant, il vous en faudra, du courage, pour cette séparation. Demandons-le dès maintenant pour *toutes deux;* je ne sais à laquelle il en faudra le plus. Mais les anges le sauront, et le cœur du divin Maître encore mieux. Voici que demain c'est sa fête! jamais sans doute elle ne vous aura été ni si belle ni si douce. »

Le 4 août, il lui disait :

« Que je suis donc heureux et consolé, ma chère enfant, de voir que vous vous affermissez de plus en plus dans votre sainte et généreuse résolution! que Notre-Seigneur est bon de vous donner ainsi ces délicieux avant-goûts du bonheur de la vie religieuse! Ah! il vous en coûtera sans doute, et plus encore que vous ne le pensez; mais que de dédommagements vous sont d'avance préparés dans cette petite chapelle du noviciat que vous avez visitée et que déjà vous habitez de cœur! Si vous saviez (moi je le sais, du moins en partie) combien d'âmes profondément tendres, dévouées, héroïques, ont habité avant vous dans cette sainte retraite où vous allez vous cacher et vous perdre dans le cœur de votre divin Maître! ah! vos impatiences seraient encore plus vives, vos espérances plus magnifiques, et votre bonheur, s'il est possible, plus complet! Que du moins, dès maintenant, votre reconnaissance soit sans bornes. *Quid retribuam Domino?*... Ce doit être l'habituelle pensée et comme le cri de votre cœur filial!

» ... Pourquoi donc, me demandez-vous, ne vous ai-je pas dit les affinités de plus d'un genre qui existent entre le Sacré-Cœur et notre compagnie ?... D'abord, mon enfant, je vous croyais parfaitement au courant de ces choses; puis, vous le savez, je m'étais fait, vis à vis de vous et de votre vocation, un système de discrétion et de délicatesse extrême. Assurément j'en fusse sorti, si j'avais su tout ce qu'il y avait de confiance filiale dans votre cœur. Mais je ne devais l'apprendre qu'au prix de bien grandes peines pour vous et pour moi. Je ne le regrette pas quant à ce qui me concerne, j'en suis trop bien dédommagé. Mais pour vous, je saisis cette occasion de vous le dire, je ne m'en consolerai jamais tout à fait. Ce qu'il y a d'admirable, ce dont nous ne serons jamais assez reconnaissants, c'est que Dieu a voulu faire servir tout cela à sa gloire et à votre bien; c'est que jamais vocation plus nette, plus claire, je dirais presque plus radieuse, n'est sortie de plus de tribulations, d'incertitudes, de nuages et de chaos! Bien aveugle qui ne verrait pas là l'intervention divine! Bien ingrat qui ne lui en aurait pas une éternelle reconnaissance! »

Au mois de septembre 1852, le mariage projeté s'accomplit : dans cette circonstance, Louise, refusant des objets de toilette que le monde aurait pu juger indispensables, préféra en consacrer le prix à une garniture d'autel en point d'Angleterre, dont elle fit hommage au sanctuaire de Conflans. Quelques semaines après, Mme Mallac conduisit à Nantes sa chère enfant, pour lui donner la consolation de recevoir encore les saints avis du R. P. Marquet. Dans cette entrevue, on fixa la fête de sainte Thérèse pour l'entrée de Louise au noviciat; un pieux rendez-vous devait ce jour-là réunir tous les cœurs au pied de l'autel, dans l'église des Dames de Saint-Thomas de Villeneuve; là, avec l'assentiment de son directeur, Louise, au moment de la communion, promettrait à Dieu de se consacrer à son service dans la société du Sacré-Cœur, tandis qu'à la même heure le R. P. Marquet célébrerait à Nantes le saint sacrifice de la messe, offrant ainsi, avec la divine Victime, les engagements sacrés de la pieuse enfant.

Le départ de Nantes n'eut lieu qu'après

une retraite dont Mme Mallac désira suivre les exercices dans notre maison du Sacré-Cœur. L'édifiant souvenir qu'une de nos mères, aujourd'hui supérieure de cette maison, conserva de ses rapports avec Louise en cette circonstance, nous est raconté dans la lettre suivante, expression spontanée de la pieuse admiration qu'avait inspirée tant d'innocence et de vertu.

« Les détails que vous m'avez envoyés sur Mme Louise Mallac m'ont fait le plus grand plaisir, d'autant que je la connaissais un peu. Avant d'entrer au Sacré-Cœur, elle vint faire une retraite ici avec sa mère. Plusieurs fois je fus envoyée près d'elle ; pendant ce temps, nous causions ensemble de la vie religieuse. Je vous avoue que je recueillais une grande édification de ces entretiens, où il m'était facile de voir combien Notre-Seigneur avait été prodigue de ses dons envers cette âme. Elle me paraissait être un ange plutôt qu'une créature humaine; son langage révélait une pureté, une innocence qui me paraissait être un privilége peu ordinaire. La grâce l'avait tellement embellie, qu'un reflet de Dieu paraissait même dans son extérieur; pour moi, il me semblait qu'elle n'avait pas péché en Adam, tant je la voyais parfaite. La grâce de la vie religieuse ne lui avait pas été donnée avec mesure; je rougissais, moi, professe de plusieurs années, en me voyant si loin d'une jeune personne de dix-huit ans qui n'avait pas encore fait son entrée au noviciat. Elle me parlait de l'obéissance d'une manière sublime; c'était l'Esprit-Saint qui lui inspirait de si belles pensées, je n'en doute pas, car on ne peut savoir ce qu'elle me disait que lorsque Dieu l'a mis au cœur! »

« Merci de votre bon souvenir, écrivait le R. P. Marquet à Louise, le 13 octobre, en réponse à sa lettre d'adieu. A raison de la circonstance, il me semble aller au cœur plus droit que de coutume; mais il n'y porte rien de la tristesse d'un adieu. Entre nous, mon enfant, je le dis et le sens avec bonheur, c'est beaucoup moins séparation que rapprochement. Nous allons être *uns* de vocation comme nous l'étions de pensée et de cœur. Dieu en soit mille fois béni !

» Oh ! oui, qu'il soit béni d'avoir amené enfin, par sa providence et par sa grâce, vos chers projets à leur point de maturité ! Tant d'autres ont désiré et n'ont point obtenu, ont voulu et n'ont point accompli ! Pour vous, quoi qu'il arrive, votre bonheur est désormais assuré. Dans deux jours, il sera éternellement vrai que vous avez tout quitté pour vous donner à votre Dieu. Ce seul jour vous aura payé le prix de tous vos efforts, comme à Notre-Seigneur celui de toutes ses grâces. Ah ! pour lui comme pour vous, c'est un beau, c'est un grand jour ! et il sera grand et beau aussi, ce jour, malgré son sacrifice et ses larmes, pour tous ceux qui vous aiment et aiment avec vous et avant vous votre Dieu si plein de bontés. Nul ne le saura demain comme votre sainte et pauvre mère ; et Dieu seul connaîtra jusqu'au fond ce mystère de toutes les joies et de toutes les tristesses à la fois dans un même cœur. Mais de son côté, comme du vôtre, la grâce restera pleinement victorieuse. Les anges applaudiront, et le cœur même d'une sainte Thérèse se sentira ému... N'est-ce pas ainsi qu'elle eût fait?... Si jamais je revois cette pieuse et chère chapelle de Saint-Thomas, la première idée qui m'y montera au cœur à la vue de l'autel et de la table sainte, sera celle de cette dernière messe, de cette dernière communion en commun, au matin du 15 octobre.

» . . . Pourquoi me faire de votre lettre si bonne comme une dernière lettre? Le noviciat, je le sais, n'est pas muet à ce point... Dans tous les cas, et lors même que vous me tiendriez rigueur, je compte à jamais sur cette correspondance intime de prières que vous m'avez promise.

.... » Que Dieu bénisse donc, mais de ses bénédictions les plus douces et les plus abondantes, ce départ et cette entrée! Jamais je n'ai fait un vœu qui m'ait été plus cher. »

Le 14 octobre, Louise voulut prendre congé de ses bien-aimés pauvres; elle les visita tous, leur annonça son prochain bonheur et se recommanda instamment à leurs prières. Ils ne purent répondre que par la touchante expression de leurs regrets. « Hélas! se disaient-ils avec douleur, Mᵉˡˡᵉ Louise nous quitte, qu'allons-nous devenir? » Ce même jour, elle dit adieu à sa sœur aînée, qui lui demanda vainement la consolation de l'accompagner le lendemain à Conflans : « Non, je t'en prie, répondit la courageuse enfant qui se défiait de son propre cœur, j'ai besoin de toutes mes forces »

Le 15, à cinq heures du matin, elle partit secrètement, seule avec sa mère, et se rendit d'abord, selon le pieux projet approuvé par le R. P. Marquet, dans la chapelle des Dames de Saint-Thomas de Villeneuve pour y entendre la sainte messe. Toutes deux y communièrent, et Louise, dans la ferveur et la sincérité de son âme, prononça le vœu qui la liait désormais au divin Cœur, acte infiniment méritoire et dont Dieu seul connaît la valeur et le prix. A six heures et demie, elles étaient à Conflans, dans la chapelle de la Sainte-Vierge, prosternées aux pieds de Marie. Le moment de la séparation arrivé,

Mme Mallac, en qui la grâce et la foi dominaient pleinement la nature, et digne par sa générosité d'offrir au Seigneur une telle victime, remit sa chère enfant à la supérieure de la maison; celle-ci lui exprima toute la part qu'elle prenait à son sacrifice. « Madame, répondit-elle, ne parlons pas de sacrifice; ne pensons qu'à la grâce que Dieu nous accorde, à moi et à toute ma famille; n'est-ce pas un honneur insigne que d'avoir une enfant consacrée à Notre-Seigneur? je suis trop heureuse, je n'étais pas digne d'un si grand bienfait! »

Soutenue par un tel exemple, Louise, surmontant sa tendresse filiale, vit avec courage s'éloigner cette mère vénérée qu'elle quittait pour la première fois. Introduite au noviciat dans le courant de la matinée, elle prit place avec une sainte joie au milieu de ses nouvelles sœurs.

De retour chez elle, le cœur brisé, mais animé de cette force divine que donne le sacrifice, Mme Mallac trouva la lettre suivante, que le R. P. Marquet lui avait adressée par une délicate attention :

» Nantes, 14 octobre 1852.

» Madame,

» Au moment où vous recevrez ces quelques lignes, vous aurez consommé votre sacrifice... vous serez rentrée *seule* dans votre maison !

» A Notre-Seigneur aussi de mettre un peu de baume sur la blessure de votre cœur, de remplir ce vide immense qu'il y a fait. Mais pouvais-je vous refuser au moins quelques paroles dans un moment si pénible à la nature, moi qui, plus que personne au monde, sais tout ce que vous avez perdu !... Oui, je comprends, je sais toute l'amertume de votre calice; mais qu'il renferme donc aussi de bonheur et de consolations !

» Quelle enfant vous venez de donner à Dieu.... Et n'êtes-vous pas, dans les idées de la foi, la plus heureuse des mères, d'avoir préparé depuis si longtemps cet holocauste et de l'avoir si pleinement et si généreusement offert !.... Le monde ne saura que vous plaindre et peut-être vous blâmer. Mais les anges vous béniront, et le Cœur du divin

Maître n'oubliera jamais ce que vous venez de faire pour Lui. C'est maintenant qu'Il va vous rendre, par les grâces les plus spéciales et les bénédictions les plus choisies, ce centuple promis aux grands sacrifices. Le vôtre n'est-il pas cent fois plus pénible et plus méritoire que s'il avait fallu vous sacrifier vous-même?....

» .... Au moment où vous me lirez, j'aurai offert à Dieu au saint autel la mère et l'enfant, en y renouvelant moi-même des engagements sacrés, contractés il y a vingt-huit ans. »

A la date du 7 novembre il lui disait :

« Je garde bien peu de lettres; mais je ne me séparerai pas de celle que vous m'écriviez le 18 du mois dernier, trois jours après votre holocauste! Votre âme, et toute l'action de Dieu en elle, y est trop empreinte! Cette journée du 15 y a trop passé tout entière! Merci de me l'avoir à ce point rendue présente. A toujours, comme à vous, comme à votre chère enfant, elle me sera et grande et chère, et comme sacrée! Oh! c'est un bonheur, et plus encore, c'est une grâce insigne, d'avoir été mêlé à des choses où la main, où le cœur divin de notre Dieu sont eux-mêmes entrés si avant. Quelle *date* pour cette vie et pour l'autre! Quoi qu'il arrive ou que vous fassiez, vous n'aurez point de jour plus douloureux; de *plus beau*, vous ne pouvez plus en avoir qu'*un* seul. »

CHAPITRE V

Postulat de Louise.

Le R. P. de Ravignan, dans son ouvrage intitulé *la Vie chrétienne*, traitant de la diversité que la puissance créatrice a mise dans le monde des âmes, parle de *natures exceptionnelles*, et définit ainsi ce qu'il nomme « la meilleure et la plus heureuse exception : »

« Dieu, qui possède tous les droits, a bien celui de réserver à certaines âmes qu'il veut aimer davantage, ou du moins qu'il veut favoriser, des dons et des qualités qui semblent en faire comme un ordre à part dans la création.

» Il est des natures prévenues de toutes les bénédictions de la douceur divine; elles naissent, croissent et se développent dans une paix, une droiture et une pureté angéliques. C'est un ciel sans nuages et auquel toutes les vicissitudes du temps paraissent demeurer inconnues; rien n'altère et ne ternit l'éclat de cette lumière toujours sereine. L'innocence est le foyer qui rayonne en tous sens au dedans, au dehors de ces âmes privilégiées. Un charme indéfinissable les environne, et l'on sent que les apprécier et les aimer, c'est aimer le bien et la vertu ; sans effort, sans dessein formé, elles sont ce qu'elles sont, toujours semblables à elles-mêmes, et les cœurs sont attirés, gagnés par leurs douces et pures influences. Cependant elles s'ignorent, elles se comptent pour rien, elles ne s'occupent que de plaire à Dieu et de rendre heureux tout ce qui les entoure. Simples, faciles, sans autre penchant que l'amour divin, vraiment elles pourraient, avec l'admiration affectueuse qu'elles inspirent, faire croire à une sorte de répétition du privilége accordé à Marie Immaculée. Mais non, Marie fut seule exceptée du funeste héritage de la tache originelle; et cependant, à l'égard de ces natures d'exception dont je parle, il semblerait qu'on pourrait adopter une sorte d'application du dicton populaire et répéter, en respectant toute la foi, qu'elles n'ont pas péché en Adam....

» Ces apparitions sont rares, ces êtres à part et si saintement distincts des autres par nature ne se rencontrent pas devant tous les regards.... Au reste, la vie du monde et la vie religieuse ont présenté de ces heureux phénomènes, objets des complaisances divines et assemblage des dons et des attraits du ciel.

».... L'action créatrice, dans l'ordre naturel, a d'abord comblé ces âmes de toutes les faveurs; elle leur a dispensé les facultés, les aptitudes les plus heureuses et les meilleures; puis sans doute la grâce est venue prodiguer ses trésors, purifier, élever, perfectionner tant de biens : tout est l'œuvre du même Dieu. Admirons-le.... ; à la vue de ces existences toujours droites, simples et pures, disons-nous que c'est un doux bienfait de les connaître....; c'est un parfum descendu des cieux que l'on respire; c'est un baume consolateur que l'on applique à ses propres maux. »

Lorsque, pour la première fois, nous lisions ces lignes d'un Père vénéré, nous possédions encore notre bien-aimée Louise. Involontairement, et comme par un essor instinctif et unanime, tous nos cœurs se reportaient vers elle et la nommaient tout bas; aujourd'hui que notre « affectueuse admiration » peut enfin s'exprimer, nous les retraçons avec consolation et avec bonheur; elles nous semblent reproduire et le cachet distinctif des aimables vertus de celle que nous regrettons, et les saintes impressions de sa présence au milieu de nous. Les impérissables souvenirs qu'elle nous a laissés nous feront toujours bénir le Seigneur d'avoir permis que cette âme angélique fût appelée à la vie religieuse dans notre congrégation ;

et nous répétons avec reconnaissance : « C'est un doux bienfait de la bonté divine ! »

La vie religieuse devait développer et perfectionner tant de rares aptitudes ; toutefois quelques heureuses dispositions que la nature et la grâce déposent dans une âme, la vertu solide ne saurait s'y établir qu'au prix d'efforts souvent renouvelés ; Dieu exige de la créature raisonnable une fidèle coopération : sur la terre, le combat n'est-il pas la condition essentielle de la victoire et de la paix ? Louise en fit bientôt l'expérience. Sa mère l'avait conduite au pied de l'autel et abandonnée en sacrifice comme une fleur fraîchement épanouie qu'elle avait reçu la mission de faire éclore ; mais si belle qu'elle fût déjà, c'était à l'ombre du sanctuaire qu'elle devait briller d'un éclat plus solide et plus pur. La souffrance, moyen de perfectionnement par excellence pour les âmes d'élite, ne devait point manquer à notre chère Louise ; le Seigneur la proportionna au degré éminent auquel il avait daigné l'appeler. Pourquoi laisserions-nous un voile sur ces premières tristesses ? Tous ceux à qui le divin Maître a dit « Suivez-moi, » ne doivent-ils pas marcher dans la voie du Calvaire? Et lorsque, fatigué, on est tenté de s'asseoir un instant sur le bord du chemin, n'est-ce pas un encouragement que de penser : Je ne suis pas seul.... Si la route est difficile, d'autres avant moi l'ont parcouru et la parcourent encore!

Louise ressentit vivement les douleurs de la séparation; pendant les jours qui suivirent son entrée au noviciat, elle souffrit de ne plus vivre avec sa mère bien-aimée; elle regretta la famille et ses intimes réunions; elle regretta ses pauvres, le chemin de l'église et ces mille douceurs du foyer domestique dont on ne connaît les attraits qu'en les quittant; éléments bien réels de la vie de l'homme sur la terre, éléments indispensables du bonheur purement naturel; mais sa foi, l'élevant au-dessus de toute faiblesse, ne laissa rien paraître au dehors des déchirements de son âme. Une fois cependant son courage parut la trahir : dans un de ces instans où les tristesses de son cœur, ravivées par le souvenir, lui présentaient sa nouvelle existence sous un sombre aspect, elle dit à la maîtresse du noviciat : « Je crains de ne pouvoir rester. » Peu de mois avant sa mort, Louise, rappelant à son frère ce moment de défaillance, ajoutait : « Si l'on eût consenti à mon départ, je n'en aurais rien fait; une voix intérieure ne me laissait aucun doute sur ma vocation, et telle est la force de cette grâce, qu'il est presque impossible d'y résister. »

En la voyant partir avec tant de fermeté, on s'était dit : « Après tout, elle cherche sa jouissance dans la vie religieuse, comme tant d'autres dans la vie du monde. » Réflexions banales et surtout peu chrétiennes : s'il est vrai que l'on rencontre parfois des caractères bizarres qui, par esprit de contradiction, choisissent précisément l'opposé de ce qu'ils désirent, assurément il n'en était pas ainsi de cette enfant de bénédiction. Pendant qu'on la croyait insensible à ces jouissances auxquelles elle renonçait, elle avait su, au contraire, en découvrir tous les charmes, et les goûter d'une manière d'autant plus intime et plus exquise, que, douée d'une grande pureté, elle possédait, dans toute sa délicatesse, le sentiment de ces douces et légitimes affections.

D'autres peines, particulièrement douloureuses, se joignaient à celles qu'impose à tous le sacrifice religieux : son frère, profondément blessé de l'avoir vue préférer un bonheur de son propre choix à celui qu'il avait rêvé de lui assurer, son frère refusait de la visiter et lui gardait une sorte de rancune; sa plus jeune sœur, mise dans un de nos pensionnats, s'y trouva d'abord très-malheureuse et lui attribuait tous ses petits chagrins. Livrée à une solitude complète, un instant Louise put se croire oubliée par les siens; sa mère seule venait assidûment la voir, et seule aussi connaissait toute la profondeur de sa tristesse; mais ces deux âmes n'en faisaient qu'une, et la douleur commencée dans l'une se consommait dans l'autre. Que sont d'ailleurs de courtes entrevues, ou des témoignages de tendresse, pour remplir le vide où se trouve l'âme qui vient de tout quitter pour s'attacher à Jésus-Christ? Elle se voit subitement jetée dans un milieu entièrement étranger à celui où elle a vécu jusqu'alors ; mais si cette brusque transition est à elle seule une souffrance, l'appréhension qui la suit en est une plus grande encore : on sait ce qu'on a laissé, mais le bonheur qu'on est venu chercher n'apparaît encore que dans un vague et lointain avenir. Il faut se plier à de nouvelles habitudes, en tout opposées aux inclinations de la nature ; s'assujettir à la vie commune, contenir même, dans les inflexibles limites d'une règle glaciale, au premier abord, par sa généralité, les ardeurs d'une volonté impatiente du bien, mais encore aveugle sur les meilleurs moyens de l'accomplir ; c'est un travail de mort et de résurrection, car il faut mourir pour « renaître, et devenir petit enfant si l'on veut entrer dans le royaume des cieux » de la vie religieuse !

Pour affermir dans les âmes cette œuvre d'anéantissement et de destruction, le Seigneur permet aussi à l'esprit de ténèbres d'attaquer spécialement ceux qui s'efforcent d'atteindre à la perfection. Sous l'effet de ses prestiges, l'imagination fascinée cherche à dominer la raison; tout se transforme, tout grossit, tout devient inabordable. Louise devait avoir sa part de la nécessité commune; elle s'élevait à Dieu comme la flamme tend à monter, et le démon n'a pas ménagé ses efforts pour éteindre une lumière si pure; mais le souffle du tentateur n'a fait qu'en raviver l'éclat et en accroître l'activité. Au milieu de tant de luttes, toujours fidèle et généreuse, elle se tenait fortement attachée à sa sainte vocation, déjouant, par la franchise et la droiture de son cœur, les ruses de l'ennemi, dont les efforts deviennent impuissants dès lors qu'ils sont mis au grand jour.

La vie religieuse fut donc pour Louise le creuset où son âme s'est élaborée, s'est faite surnaturelle, en se dégageant de tout alliage humain. Elle-même, recueillie sous le regard de Dieu seul, seconda cette action purifiante par une constante énergie; elle écarta tous les obstacles qui s'opposaient encore à la pleine infusion de la grâce; et réduite à cet état de simplicité qui constitue la véritable perfection, elle travailla à s'y maintenir par la pratique d'une mortification universelle.

Toutefois, c'est par suite d'une erreur trop généralement admise, que l'on considère la vie religieuse comme une de ces voies crucifiantes, où l'âme ne rencontre qu'amertume et tristesse en échange de tant de sacrifices; elle a aussi ses dédommagements ; elle a des joies, des délices ineffables ! mais à la différence du monde qui cache les épines sous la fleur, elle cache les fleurs sous l'épine. Il y a longtemps qu'un grand docteur a prononcé cette parole, vraie comme l'Eternelle Vérité : « La vie heureuse, c'est la vie parfaite. » En effet, Notre-Seigneur vient Lui-même remplir le vide qu'il a creusé; l'immensité des désirs est comblée par les biens réels de la grâce et de l'amour divin ; celui-là seul qui les possède peut les comprendre. Notre chère Louise ne tarda pas à en goûter toute la suavité; elle y trouva le secret de cette alliance surnaturelle de la joie dans la douleur, et, comme elle l'écrivait elle-même, « du sourire dans les larmes, de la vie dans la mort. »

« Que vous êtes bonne, lui disait le R. P. Marquet dans une lettre datée du 3 novembre 1852, que vous êtes bonne de me donner des nouvelles de votre Eglise primitive ! Elles me sont un doux ressouvenir d'un passé déjà bien éloigné pour moi, et que je serais mille fois heureux de recommencer avec vous. Mes vieilles tiédeurs se réchauffent à vous entendre parler de ce bonheur nouveau pour vous de la vie religieuse. Dieu soit béni de vous faire sentir ce qu'il coûte !

» Oh ! qu'il est utile, qu'il est précieux de s'habituer de bonne heure, et tout d'abord, à cette joie dans la tristesse, à ce sourire dans les larmes, et, pour tout dire, et dire avec vous, à *cette vie dans la mort !* C'est bien cela. Tout bonheur entendu autrement dans la maison de Dieu, n'est guère qu'un bonheur d'enfant, et il faudrait craindre pour sa durée. Mais heureuses, vraiment heureuses, les âmes qui ont la grâce et le courage de l'être au pied de la croix ! C'est *petite sœur du bien mourir*, n'est-ce pas, qu'il faut avant tout se faire, quels que soient le nom et la nature particulière de la vocation ? Mourons donc un peu à tout, ma chère enfant, puisque Dieu nous y pousse et nous y convie d'une façon si spéciale, et mourons même à notre cœur.

» Ce n'est pas en vain que Notre-Seigneur y a fait une si large et si cruelle blessure. Outre qu'elle est digne de la future épouse de son Cœur, lui aussi déchiré, Il veut, par cette souffrance mille fois bénie, surnaturaliser complétement des affections, bonnes et saintes sans doute, mais trop mêlées encore de vivacités et de faiblesses humaines. Vivre comme Il vit, souffrir comme Il souffre, *aimer* comme Il *aime*, voilà désormais votre devise et votre unique ambition! Vous y gagnerez infiniment, et ceux que vous aimez y gagneront avec vous, votre sainte mère plus que toutes les autres.

» Oui, certes, elle s'est montrée dans cette occasion femme admirable et mère héroïque. Aussi la grâce ne lui est plus mesurée; elle abonde dans son âme, et je ne sais vraiment où cela s'arrêtera. Qui sait si Dieu attendra jusqu'au ciel pour vous réunir?

» Voilà trois jours mis à vous écrire

quelques lignes. Oh! bienheureux loisirs du noviciat, qu'êtes-vous devenus pour moi? »

Un fragment d'une autre lettre adressée à Mme Mallac par le R. P. Marquet, achèvera de nous révéler ce qu'était Louise, dès le début de sa vie religieuse :

« Elle est entrée, la bénite enfant, au lieu de son repos et de son bonheur, et votre cœur y est entré avec elle et n'en sortira plus. Les lettres qu'elle m'écrit, sont l'expression de son âme et du triomphe de la grâce en elle. Je ne sais dire rien de plus. Avec cette intelligence et ce sentiment de la vie religieuse dès les premiers jours, jusqu'où ira-t-elle? Nul, que Dieu, ne saurait le prévoir. En attendant, il n'y avait plus de place possible pour tant de grâces, ni dans le monde, ni même dans la maison maternelle. Je crois qu'elle a souffert autant que vous, mais désormais elle souffrira moins; la vie religieuse a un baume mystérieux qui bientôt adoucit les blessures les plus vives. Cette pensée vous sera consolante! »

Louise désirait ardemment le jour heureux où il lui serait donné de revêtir le saint habit ; mais ces désirs eux-mêmes parurent imparfaits à cette âme si pure, et plus tard elle se les reprocha comme un défaut d'abandon. Son zèle et sa constante régularité abrégèrent en sa faveur le temps prescrit par l'usage : deux mois seulement après son entrée, le 27 décembre 1852, sous les auspices de saint Jean, premier disciple du Sacré-Cœur et premier enfant de Marie, Louise échangeait avec bonheur les livrées du monde pour celles des épouses de Jésus-Christ.

CHAPITRE VI

Vie religieuse.

Louise, devenue novice, réalisa pleinement les espérances que sa ferveur et sa piété avaient fait concevoir pendant son postulat. On la vit, toujours égale à elle-même, fidèle à tous les exercices religieux, modeste, cachée, s'appliquant à la pratique des vertus solides, ne recherchant que le regard et le bon plaisir de Dieu. « On ne me parle que de votre bonheur, lui écrivait le R. P. Marquet durant ces jours heureux de son enfance religieuse, et j'y crois plus que personne.... du milieu de votre paradis, prenez souvent en compassion le pauvre supérieur de Nantes dans son purgatoire. Je ne doute pas non plus de vos progrès en générosité et en abnégation. « Je suis *la voie*, » a dit notre bon Maître; marchons donc, non-seulement *après Lui*, mais *en Lui* et *par Lui*. Mieux le connaître, mieux l'aimer, mieux *Lui* rattacher toute sa vie, c'est donc le seul progrès possible pour notre intelligence, notre cœur, notre être spirituel tout entier. »

Le noviciat de Louise et sa vie religieuse ne furent que l'accomplissement toujours plus parfait de ces dernières paroles. Dieu lui réservait une consolation vraiment exceptionnelle : une année à peine s'était écoulée depuis son entrée à Conflans, lorsque sa mère vint l'y rejoindre et partager avec elle le bienfait d'une même vocation. Plus tard, Notre-Seigneur compléta une si heureuse réunion, en amenant dans l'asile de son Cœur sacré, Joséphine, la plus jeune enfant de cette famille bénie du ciel.

Le 27 décembre 1854, Louise fut admise à prononcer ses premiers vœux; sa joie, son ardeur au service de Dieu prirent alors de nouveaux accroissements. En ce jour, et comme en échange de son offrande, elle demanda trois grâces au divin Cœur : un grand amour pour la sainte Vierge, une exacte fidélité à ne jamais commettre de fautes volontaires, enfin le privilége d'être souvent reprise. Cette dernière demande fut une victoire remportée sur de vives répugnances contre lesquelles elle avait lutté pendant tout son noviciat. Désireuse de répondre pleinement à la grâce, elle crut, dans sa filiale confiance, qu'au jour de la consécration religieuse, le Dieu de toute bonté ne sait rien refuser à l'âme qui se donne à lui sans réserve. La récompense de cet acte généreux ne se fit pas attendre : ses appréhensions cessèrent aussitôt, et, appréciant avec toute l'étendue de son jugement le bonheur de rencontrer en religion cette pure lumière de la vérité qui préserve des illusions si communes dans la vie du monde, elle arriva bientôt à ne plus comprendre que l'âme religieuse pût s'affliger d'être avertie en toute liberté par ses supérieures.

Louise fut chargée, peu après ses vœux, du soin des plus jeunes élèves, qui forment, ce qu'on appelle dans nos maisons, le petit pensionnat; son attrait pour l'enfance, joint à la douceur et à la fermeté de son caractère, la rendait éminemment propre à cet emploi; mais la délicatesse de sa santé, qui chaque hiver s'altérait sensiblement, obligea bientôt ses supérieures à le lui retirer. Diverses occupations dans l'intérieur du noviciat, la direction des postulantes, le soin de la sacristie, la surveillance des parloirs lui furent successivement confiés. Partout elle a laissé ce parfum d'édification que répand à son insu un cœur intimement uni à son Dieu.

Le cachet spécial de cette âme d'élite était une simplicité, une limpidité qui rendaient son caractère parfaitement égal et qui se reflétaient même sur son extérieur. Cette fraîcheur, cette pureté vraiment ravissantes prenaient leur source dans l'application qu'elle apporta constamment à vivre en Dieu et pour Dieu seul. En pénétrant dans l'intime de cette âme toujours sereine, il était facile de s'apercevoir que la vie de foi était son attrait dominant, et que la grâce l'avait élevée à cette simplicité sublime définie par nos saintes règles : « le calme » d'une âme qui ne cherche et ne désire que » son Dieu ; qui, sans aucun retour sur elle-» même et sur ses propres intérêts, n'a » qu'un seul regard vers ce Dieu qu'elle » veut uniquement aimer et à qui seul elle » veut plaire en toutes choses. » En effet, elle jouissait de cette heureuse faculté, apanage des cœurs purs : voir Dieu en toutes choses. Constamment animée des pensées de la foi, elle savait donner au moindre de ses actes le poids et la valeur de l'éternité. Ses intentions droites et élevées tendaient à Dieu par le chemin le plus direct; on voyait qu'elle était fixée dans un élément surnaturel; qu'étrangère aux impressions de la nature, elle ne les regardait que de loin, sans se laisser dominer par leurs tristes influences. Ainsi le voyageur parvenu à la cime d'une haute montagne, respire un air toujours calme et pur, voit passer à ses pieds les nuages amoncelés, et entend sans effroi gronder l'orage dans les régions inférieures.

Sans cesse Louise revenait sur la nécessité de n'agir qu'en vue de Dieu : « Quelle folie, disait-elle, de chercher sa récompense dans l'approbation des créatures, tandis qu'on néglige celle de Dieu ! » Elle redoutait beaucoup un certain alliage de la nature et de la grâce qui peut encore se trouver dans la vie religieuse ; souvent elle en parlait dans ses ouvertures de cœur intimes : « Je puis certifier, nous a dit notre digne Mère qui possédait les secrets de cette belle âme, que sous aucun rapport, il n'a jamais existé en elle. »

De cette vie de foi, découlaient comme d'une source féconde, toutes les autres vertus que nous avons admirées dans notre bien-aimée sœur : et d'abord, un esprit de sacrifice qu'elle pratiqua dans les moindres détails, et que Dieu a souvent favorisé par des circonstances pénibles et crucifiantes ; une attention continuelle à s'effacer, à ne jamais ressortir, à se perdre dans la foule ; une abnégation, un dégagement complet d'elle-même, qui se traduisait par une mortification constante. L'ombre même d'une distinction lui était à charge; quoique toujours gracieuse et souriante, elle semblait fuir les personnes qui lui témoignaient trop d'intérêt. Un jour, on surprit un nuage sur son front, ordinairement si serein; on la crut plus souffrante : « Non, dit-elle, mais je suis l'objet de trop d'attentions, j'en suis fatiguée. Je ne comprends pas, ajouta-t-elle, qu'on puisse être avide de l'affection des créatures, on a si grand besoin de Dieu! »

Elle vénérait profondément sa vertueuse mère; pourtant jamais on n'aperçut dans leurs rapports mutuels rien qui pût donner atteinte à cette parfaite immolation, exigée par la vie religieuse; immolation qui porte, il est vrai, le glaive du sacrifice jusqu'au plus intime de l'âme, mais qui, par là même, offre à Dieu l'holocauste qu'il préfère entre tous. Quoiqu'il en coûtât beaucoup à sa respectueuse tendresse, Louise, suivant l'usage qui détermine les rangs par l'ancienneté de l'entrée en religion, précédait sa mère aux réunions de communauté. Dans ses emplois et dans ses rapports extérieurs, elle agissait à son égard comme elle l'eût fait envers toute autre religieuse ; aussi, après de longues semaines passées à Conflans, bien des personnes ignoraient encore qu'elles fussent unies par les liens du sang. Leur abnégation fut telle, que l'autorité de l'obéissance dut fréquemment intervenir pour la modifier. Notre chère Louise demanda même souvent à ses supérieures, si, pour correspondre entièrement à la grâce, elle ne devait pas solliciter de notre très-révérende Mère générale un changement de maison, afin que, séparée de sa mère, elle fût dans un état de sacrifice plus parfait.

La veille du jour où sa jeune sœur entra au noviciat, Louise lui dit : « Désormais il ne faut plus qu'on s'aperçoive que nous sommes sœurs. » Elles observèrent fidèlement cette convention, et, jusqu'au dernier moment, tout témoignage extérieur d'amitié fut banni de leurs rares entrevues.

De fréquents rapports d'emploi l'avaient mise en relation avec une de ses sœurs novices, récemment convertie du protestantisme à la religion catholique. Ces deux âmes s'étaient comprises, et la plus sainte affection les unissait; Notre-Seigneur, qui l'avait inspirée, en était l'appui, le lien et le but. Nos Mères l'autorisèrent pleinement; elles savaient quels heureux fruits produiraient dans la jeune novice les conseils et les exemples de notre chère Louise: la connaître plus intimement, c'était pénétrer dans un sanctuaire où l'on ne trouvait que Dieu seul; mais cette religieuse amitié, si conforme par les motifs qui l'animaient, à celle qu'autorisent nos saintes règles, devint elle-même la matière de nouveaux sacrifices. Louise, lors de sa probation, rencontra cette religieuse à la maison-mère après une séparation de plusieurs années; elle ne témoigna pas même le désir de l'entretenir en particulier et la laissa partir sans lui avoir adressé une seule parole. Bientôt, d'un mutuel consentement, elles cessèrent toute correspondance. Une personne qui partait de Conflans demanda à Louise si elle n'aurait point quelque commission à lui confier pour cette religieuse que son voyage lui donnerait occasion de voir. « J'en aurais beaucoup, répondit-elle; mais nous nous sommes promis de renoncer à toute relation, à moins que la Providence ne nous réunisse encore sur cette terre; sinon, tout sera pour le ciel! » A son retour, il ne lui fut pas adressé une seule question sur celle qui était pourtant l'objet d'un intérêt aussi réel que religieux.

Un autre fait nous montrera encore comment Louise savait rapporter à Dieu seul toutes ses affections, et combien elle redoutait d'inspirer à ses sœurs des sentiments qui eussent pu s'interposer entre elles et Notre-Seigneur. Le R. P. Marquet lui avait recommandé une jeune personne qui venait à Conflans commencer son postulat. Une telle recommandation était à ses yeux d'un grand poids; aussi la nouvelle arrivée eut-elle une part spéciale à ses affectueuses prévenances; ayant trouvé l'occasion de lui rendre un léger service, elle la saisit avec empressement: « Que vous êtes bonne, ma sœur! s'écria la postulante aussitôt, et combien je suis reconnaissante que vous ayez pris cette peine pour moi ! » Louise répondit avec simplicité : « Je ne fais jamais rien pour les créatures... » Ce mot, qu'une sincère charité avait seule inspiré, parut un peu dur à la pauvre enfant; mais elle en comprit bientôt le vrai sens, et avoua qu'il avait été pour elle l'origine de vives lumières sur les choses spirituelles.

Dégagée de tout obstacle humain, Louise s'unissait sans peine au Dieu qui se communique familièrement à l'âme droite et simple dont l'unique désir est de le chercher en toutes choses, et son cœur, si fidèle à correspondre à la grâce, était bien propre à goûter les saintes joies de la piété.

Connaître et imiter le Cœur de Jésus, se conformer à ses dispositions adorables, tel était le but de tous ses efforts; elle reçut en récompense un amour ardent, qu'elle prit soin toutefois de cacher sous les dehors, toujours édifiants, d'une vie commune et ordinaire; quelques paroles seules, échappées à sa candeur, venaient parfois trahir à son insu les secrets de son âme; plusieurs fois elle a assuré que Notre-Seigneur exauçait toutes ses demandes : « Oui, je sais qu'il m'aime, dit-elle un jour avec une ravissante simplicité, il m'aime beaucoup, il m'en a donné tant de preuves, surtout cette union avec lui !... » Elle s'arrêta, craignant peut-être d'en avoir trop dit.

Le R. P. Marquet, instruit de la ferveur de notre chère Louise, écrivait à Mme Mallac :

« C'est mal de ne parler de Conflans que pour vous en taire ; puis, vous vous croyez quitte en ajoutant que là est *toute la richesse de votre cœur*. A la bonne heure, mais c'est agir en avare véritable que de l'enfouir de cette façon. Heureusement qu'on a quelques autres sources de nouvelles sur Conflans et ses habitantes. Ainsi l'on sait de bonne part, que la sœur Louise est tellement remplie de Notre-Seigneur qu'elle en parle même la nuit. Que doit-ce être pendant le jour ?... »

En effet, le bon Père était bien informé : souvent on entendait Louise répéter durant son sommeil des paroles brûlantes dans lesquelles elle exprimait son désir de souffrir pour le Dieu qu'elle aimait. « O mon Jésus, s'écriait-elle, que l'on m'humilie, que l'on me méprise, mais que vous soyez aimé et glorifié!... » Au début de sa dernière maladie, elle passa plusieurs mois à l'infirmerie avec une de ses sœurs qui la précéda au ciel. Celle-ci l'appelait, par manière de récréation *l'amour divin.* « Quelle grâce faudra-t-il solliciter pour vous lorsque je serai auprès de Dieu? lui demanda-t-elle. — Mais l'amour divin, répondit Louise avec vivacité. — Oh! je me garderai bien de le faire, reprit la malade en souriant, je ne veux pas hâter votre mort! »

Louise était, par les affections de son âme, comme fixée auprès du tabernacle. « J'entre vingt fois par jour à la chapelle, je dis à *mon cher Maître* que je l'aime de tout mon cœur, qu'il est trop bon ; puis je m'en vais. Mais n'est-ce pas qu'il est vraiment trop bon? » ajoutait-elle avec une expression de visage où se peignaient tous les pieux sentiments qui l'animaient. Rien ne la séparait des saintes pensées dont son âme était remplie : la nuit qui précédait ses communions, elle croyait voir constamment la sainte Hostie devant elle, et cette vue la remplissait d'une joie toute céleste. Lorsqu'elle était privée du bonheur de communier, ses rêves lui représentaient encore l'objet de ses désirs ; mais alors elle voyait avec regret la sainte Hostie s'éloigner ou tomber. Ce n'était pas néanmoins à cette ferveur sensible que Louise s'attachait; elle savait en supporter la privation, et, persuadée que le véritable amour se prouve par les œuvres, elle s'efforçait d'accueillir la visite du bon Maître par l'offrande de quelque victoire remportée sur elle-même. Ses communions étaient toujours précédées d'une sérieuse préparation, et suivies d'une fervente action de grâces où elle s'animait à de nouveaux sacrifices.

Nous avons vu la dévotion envers la très-sainte Vierge se caractériser en elle dès sa plus tendre enfance ; ce germe précieux ne cessa de croître à mesure qu'elle s'affermit dans la vertu; mais c'était sous l'influence bénie de la vie religieuse qu'il devait atteindre un entier développement. Cette touchante dévotion devint, on peut le dire, un de ses attraits dominants et le besoin incessant de son cœur. Ne semble-t-elle pas, en effet, appartenir de droit aux âmes pures et privilégiées? n'est-ce pas au disciple vierge, à l'apôtre bien-aimé, que le Sauveur a dit en montrant Marie : « Voilà votre Mère! » Non-seulement Louise la priait avec une confiance illimitée, mais elle vivait avec elle, s'unissait à ses dispositions intérieures, et s'adressait à sa divine Mère en toute circonstance, comme une enfant aimante et respectueuse qui compte sur les trésors de bonté et d'indulgence renfermés dans le cœur maternel.

Un jour, préoccupée sans doute par le souvenir de quelque légère infidélité au service de Marie, elle regarda longtemps une de ses images d'un air attristé, et dit enfin : « J'ai une petite inquiétude, il me semble que la sainte Vierge et moi nous ne sommes pas bien ensemble... — Pourquoi? lui fut-il demandé avec étonnement. — Je crois le deviner, car j'ai tant prié, que j'ai enfin obligé ma bonne Mère à m'en donner la lumière;

mais que cette lumière s'est fait attendre! Aussi ai-je osé dire tout à l'heure : Oh! ma bonne Mère! si j'étais à votre place et vous à la mienne, il y a longtemps que je vous aurais pardonné! » Le lendemain, on la vit radieuse; elle annonça, sans toutefois vouloir s'expliquer clairement, que la sainte Vierge et elle étaient réconciliées.

Marie fut toujours la dépositaire de ses peines, de ses désirs, de ses plus intimes pensées; besoins personnels, grâces pour les âmes qui lui étaient chères, emplois, tout lui était confié, même les choses les plus indifférentes; souvent elle lui adressait ses requêtes par de petits billets qu'elle déposait sur son autel. Quelque difficulté l'empêchait-elle de s'unir à Notre-Seigneur dans la prière, aussitôt elle écrivait à sa bonne Mère, et l'obstacle disparaissait; elle recommandait cette pratique à ses sœurs, et leur disait : « La sainte Vierge est si bonne! agissez donc avec elle comme une enfant avec sa mère; elle aime cette simplicité. » En effet, Marie semblait prendre ses complaisances dans cet abandon filial, en comblant les moindres désirs de son enfant bien-aimée. Qu'on nous permette de rapporter un seul de ces traits de protection, aussi simple que la foi qui l'a obtenu.

Louise, alors sacristine, avait été retenue dans sa chambre par une indisposition, la veille et le matin du jeudi saint; la pensée du reposoir confié aux soins de deux jeunes novices peu expérimentées dans cet emploi, ne la laissait pas sans inquiétude. Elle ne put descendre à la chapelle qu'au moment de l'office; aucun incident ne vint d'abord justifier ses craintes; mais après la sainte messe, à peine arrivé au tombeau, on s'aperçoit que la clef du tabernacle portatif n'est pas là. Louise se rend aussitôt à la sacristie, prend la première qui se rencontre sous sa main, et la fait remettre, non sans crainte, au célébrant, disant à Marie avec toute la ferveur de son âme : « Ma bonne Mère, je vous en conjure, faites qu'elle ouvre! » Sa confiance ne fut pas trompée; cette clef, prise au hasard, et qui n'était pas celle du tabernacle, l'ouvrit sans difficulté; plus tard, la véritable fut retrouvée derrière l'autel, où elle avait été glissée par mégarde.

Le crédit de Louise auprès de la sainte Vierge nous était si bien connu, que nous la chargions souvent de lui transmettre nos demandes; elle se prêtait toujours à nos désirs avec une douce amabilité : « Je dirai un *Souvenez-vous* ou un *Magnificat*, répondait-elle, ce sont mes prières favorites. » Même au milieu d'occupations pressantes, elle quittait tout et allait se prosterner quelques instants aux pieds de la Vierge Immaculée. Elle aimait à s'entretenir de la miséricorde et de la bonté de Marie : « C'est là, nous disait-elle, mon grand bonheur, mon meilleur délassement! » Un des plus grands sacrifices que lui imposa la délicatesse de sa santé, fut la privation de dire l'office à haute voix; elle en exprimait souvent ses regrets d'une manière touchante. Dans la simplicité de son cœur d'enfant, elle priait pour que ses rêves vinssent lui retracer l'image de sa Mère chérie. « C'est un enfantillage, lui dit un jour Mme Mallac. — Ah! répondit-elle, laissez-moi continuer, j'aime tant ma Mère! » Ce mot ne rappelle-t-il pas celui de Stanislas? lorsqu'on lui demandait pourquoi il aimait tant Marie : « Mais elle est ma Mère! » répliquait-il, donnant par ce seul titre le motif de son amour.

Après le culte qu'elle rendait à la sainte Vierge, Louise honorait particulièrement saint Louis de Gonzague, qu'elle avait choisi pour patron, saint Jean l'Evangéliste et sainte Thérèse, qui avaient béni ses premiers pas dans la vie religieuse.

Tout ce qui a rapport au culte divin lui inspirait une profonde vénération ; sa charge de sacristine la mit à même d'en donner de nombreux témoignages; elle remplissait les moindres fonctions de cet emploi avec un dévoûment plein de respect, qu'une longue habitude n'altéra jamais. Servir de si près Notre-Seigneur était pour elle une grâce insigne, un bonheur qu'elle exprimait par des paroles empreintes de la plus tendre piété. Son recueillement, lorsqu'elle approchait du sanctuaire, ranimait la dévotion de ceux qui en étaient témoins; souvent elle baisait avec amour les linges et les ornements sacrés; son désir ardent de voir Notre-Seigneur dignement honoré lui inspirait, les jours de fête, mille industries pour donner aux offices toutes la solennité possible : « Dans ce cas, disait-elle, je sacrifie ma dévotion sensible, afin d'apporter toute mon attention aux cérémonies; seulement, j'ai soin de tout confier à la sainte Vierge. » Les moindres réglements des offices étaient pour elle des lois inviolables, et quand on paraissait étonné de son extrême exactitude : « Songez donc, répondait-elle avec une pieuse crainte, que manquer par négligence aux rubriques peut devenir matière d'un péché véniel. » Elle était inconsolable lorsqu'il lui échappait un oubli involontaire ; la lampe du sanctuaire venait-elle à s'éteindre : « Il n'y a plus de feu sacré! » s'écriait-elle avec une douleur aussi simple que vraie, et souvent il fallut calmer ses scrupules à ce sujet. Un jour, c'était encore un jeudi saint, Louise parut, contre son ordinaire, dans une grande affliction; on lui en demanda la cause : « Ah! répondit-elle, jamais je ne m'en consolerai ! Notre-Seigneur n'est pas content.... Les souffrances, les humiliations, tout m'est égal, pourvu qu'Il soit satisfait, et je sens qu'Il ne l'est pas !.... » Une légère imprévoyance de sa part avait obligé, pendant la cérémonie, de déposer la sainte Hostie dans un autre ciboire. Longtemps après, elle se le reprochait encore; mais, dans sa peine, pas un retour sur elle-même : la gloire seule de Notre-Seigneur l'occupait entièrement.

Elle estimait avec toute la vivacité de sa foi la valeur des liens qui l'unissaient à Dieu; aussi chérissait-elle par-dessus tout sa vocation sainte, ses vœux sacrés, ses règles qu'elle méditait fréquemment et dont sa vie nous offrait une fidèle image. Les exercices de la vie intérieure, sans lesquels il est impossible de parvenir à l'union divine, ne lui étaient pas moins chers; malgré le surcroît de travail que lui occasionnaient des emplois variés et souvent incompatibles, elle consacrait à la prière le meilleur temps de sa journée. C'était le repos et la force de son âme ; elle y persévérait malgré les obstacles qu'elle y trouvait parfois, s'appliquant alors à suivre les méthodes prescrites, ou les conseils qui lui avaient été donnés. Ses examens étaient toujours faits avec une exactitude sincère et une profonde humilité; elle redoutait beaucoup un certain vague qui souvent en paralyse les effets : « Craignons ces négligences d'âme, disait-elle à l'une de ses sœurs qui lui avouait que pendant plusieurs jours elle avait omis de marquer son examen particulier.

Les retraites annuelles, comme celles de chaque mois, étaient toujours pour Louise des époques de renouvellement; ses supérieures, qui en recevaient le compte-rendu fidèle, se plaisaient à suivre le progrès de la vertu dans cette âme généreuse, constamment docile aux inspirations de la grâce. Pendant la retraite, elle écrivait peu, et consacrait de préférence les moments libres à quelque travail manuel qui lui permît de méditer sans efforts, dans le calme et le recueillement, les vérités qui l'avaient le plus touchée. Quelques mois avant sa mort, elle brûla toutes les notes prises durant les exercices de trente jours qui précédèrent sa profession : « Si on venait à les lire quand je ne serai plus, dit-elle, on croirait que ce sont là mes sentiments, tandis qu'il n'en est rien, ce n'est que la ferveur de la retraite. » Cette humble crainte suffirait seule pour nous les faire regretter, nous y aurions sans doute découvert plus d'un secret sur les grâces dont elle fut alors comblée. Nous n'ayons pu recueillir, de ses autres retraites, que quelques petites maximes éparses çà et là dans le seul cahier échappé à la destruction; nous les citerons ici sans ordre et dans toute leur simplicité. Exposé fidèle de ses sentiments et de ses actions, elles feront connaître les attraits élevés de sa belle âme et le choix judicieux avec lequel elle s'appliquait à la vertu solide et au solide de la vertu.

« L'humilité est une vertu par laquelle l'homme se connaissant bien lui-même s'estime vil et méprisable.

» Vraie humilité, sentiment habituel produit par des actes.

» Malheur à l'homme qui a plus de réputation que de mérite.

» Dieu ne compte pas nos œuvres, mais il les pèse.

» Seigneur, je veux ce que vous voulez, parce que vous le voulez, et autant que vous le voulez.

» Tout passe, excepté ce que l'on fait pour Dieu et pour sa gloire.

» Un cœur qui est tout à Dieu, *qui n'est qu'à Dieu*, que ne fait-il pas, n'importe dans quel emploi?

» Des afflictions courtes et légères nous produiront un poids éternel de gloire.

» Souffrir passe, avoir souffert ne passera jamais!

» J'ai choisi le Seigneur pour mon partage!

» Il faut se sacrifier tout entier à la gloire de Dieu, et vouloir également ce que Dieu veut également.

» Quiconque voudra être le premier, qu'il soit le serviteur de tous.

» Au moment de la mort, nous recueillerons la consolation de tout ce que nous aurons fait sans consolation pendant la vie.

» Les douleurs n'ont qu'un temps, ce temps est court, et la gloire qui les récompense est éternelle. »

Le silence, l'âme de la vie intérieure et recueillie, était pour elle une obligation sacrée ; elle ne se pardonnait pas la moindre infraction à cet égard, et son exactitude allait même si loin, que nous l'avons entendue, plus d'une fois, se reprocher de porter atteinte par un silence trop rigoureux à la cordiale charité qu'elle devait à ses sœurs.

Le don de piété, en nous inspirant pour Dieu un respect et un amour tout filials, reporte ces sentiments sur ceux qui nous le représentent ici-bas. Louise possédait éminemment ce don de l'Esprit-Saint qui vient perfectionner et surnaturaliser les plus doux devoirs de l'ordre moral. C'était Dieu seul que la foi lui faisait voir et aimer dans ses mères et dans ses sœurs; son affection pour ses supérieures était celle d'une enfant remplie de candeur et de simplicité; son âme tout entière leur était ouverte; mais là encore, on ne découvrait ni la nature ni ses recherches; dans des rapports fréquents, nécessités par ses emplois, jamais un mot qui tendît à une satisfaction purement personnelle. Elle recevait les moindres expressions de leurs désirs avec une pleine adhésion de jugement et de volonté; afin que tout fût réglé et vivifié par l'obéissance, elle demandait fidèlement les plus petites permissions, et soumettait avec exactitude l'emploi détaillé de sa journée. Cette parfaite obéissance, toujours animée par des vues surnaturelles, était, par une conséquence nécessaire, forte et énergique. Quand un ordre avait été donné, rien au monde ne l'eût empêchée de l'exécuter dans toute son étendue; elle semblait alors, même à l'extérieur, sortir de sa douceur et de sa mansuétude accoutumées. Nous avons remarqué, avec une grande édification, que les recommandations les plus indifférentes ne vieillissaient pas pour elle; et notre digne Mère nous a assuré ne l'avoir jamais trouvée en défaut sur aucun point de dépendance, si ce n'est peut-être en ce qui concernait le soin de sa santé qu'elle ne ménageait pas assez. Sans la vigilance des supérieures, elle se serait souvent condamnée à des excès de travail, pour accomplir à la lettre ce qu'elle croyait être le plus conforme à leurs désirs ; mais parfois l'ardeur de son zèle échappait à leur prévoyante sollicitude, et l'œuvre terminée révélait seule ce qu'elle lui avait coûté de temps et de fatigue. En voici un seul trait, fréquemment répété en d'autres circonstances : — Le bon goût qu'elle apportait à toutes choses l'avait fait choisir pour décorer les salons du pensionnat où devaient être réunis, avant les prix, les ouvrages des élèves. Elle y employa plusieurs jours, et après bien des heures d'un travail pénible, tout lui semblait heureusement terminé. La communauté étant venue visiter la petite exposition, l'une de nous exprima le regret que les ouvrages n'eussent pas été placés sur une tenture plus apparente ; un mot de notre digne Mère sembla approuver cette réflexion ; aussitôt, notre chère Louise, sans hésiter un seul instant, sans se permettre une observation sur la brièveté du temps qui lui restait, recommença gaîment ce long travail.

La vie commune avait pour elle un charme tout spécial, et ce qui tendait à l'en retirer, lui devenait une croix sensible que l'obéissance seule pouvait lui faire accepter; aussi, malgré la délicatesse de sa santé, n'usa-t-elle jamais que de rares dispenses; néanmoins, pour se conformer plus parfaitement aux désirs de ses supérieures, elle demandait avec une grande simplicité celles dont elle croyait avoir besoin, avertissant avec la même candeur, lorsqu'elle ne les croyait plus nécessaires, mais sans y mettre une insistance où la volonté propre peut encore se retrouver. Voici en quels termes tout religieux elle s'exprimait dans une semblable circonstance : « Je crois pouvoir continuer à me lever à cinq heures, mais je devrai vous demander de me coucher après souper, au moins quelquefois. Cependant, si vous ne le jugez pas nécessaire, je ne demande pas mieux que de ne pas user d'une dispense dont je ne sens plus le besoin. Le grand point pour moi, c'est de pouvoir travailler de toutes mes forces à la gloire de Notre-Seigneur, et pour avoir ce bonheur, il me semble qu'il n'est pas de sacrifices que je ne sois disposée à faire. »

A l'exemple de saint Louis de Gonzague, qui aimait à comparer la religion à un grand navire où le dernier mousse avance autant que le pilote, Louise avait pour tous les emplois une estime égale. Elle savait que dans la maison du Seigneur, il n'y a entre eux d'autre différence que celle des dispositions plus ou moins parfaites qu'on y apporte, et si jamais elle témoigna à cet égard quelque préférence, ce fut pour ceux qui la tenaient dans une vie plus cachée, plus dépendante et plus mortifiée. Elle acceptait les moindres charges avec reconnaissance, saisissant du premier regard, non ce qui satisfait ou attriste la nature, mais ce qui peut, avant tout, glorifier Dieu et procurer le bien des âmes. Sans autre recherche que l'approbation du Seigneur, sans préoccupation du succès humain, mais pleine de foi dans la parole de l'obéissance, elle ne négligeait rien pour réussir, et apportait un soin particulier à bien faire les plus petites choses, réalisant ainsi la maxime du V. Berchmans : « Faire les choses communes d'une manière non commune. »

Chargée pendant plusieurs années de la surveillance des ouvrages des novices, elle retouchait elle-même ceux qui ne lui semblaient pas convenablement exécutés, sans examiner jamais s'ils passeraient ou non sous une inspection supérieure; mais pour dérober à tous les regards cet acte de charité et de dévoûment, elle se renfermait dans un endroit écarté : « N'agir que pour Dieu, faire les choses avec toute la perfection possible, sans jamais songer qu'une autre main rectifiera nos œuvres, ou qu'elles seront jugées par les créatures, » telle fut sa dernière recommandation à sa sœur Joséphine. « Ne travaillons que pour le ciel, ajoutait-elle, Dieu seul nous reste quand tout nous manque. »

Ces principes, elle les avait toujours fidèlement pratiqués ; pourtant, dans son humilité profonde, elle s'accusait d'agir négligemment : « Il y a dans mes œuvres un cachet d'imperfection qui me désole! » Ne nous en étonnons pas : sous l'heureuse influence des lumières divines, elle considérait toujours une perfection plus élevée à laquelle elle s'efforçait d'atteindre; aussi la fidélité au devoir a-t-elle fait longtemps le sujet de son examen particulier. « Elle a tout donné à Dieu dès le principe, disait Mme Mallac à son fils peu de jours avant le décès de Louise; quand le soir arrivait, elle avait dépensé à son service tout ce qu'elle avait de facultés, de force et de vie; et le lendemain, elle recommençait. » Louise redoutait beaucoup dans l'exercice de ses emplois, l'activité naturelle vers laquelle l'eussent portée et l'ardeur de son caractère et les grands désirs qu'elle ressentait de travailler à la gloire du Sacré-Cœur. Ce point fut l'objet constant des pieuses calomnies dont elle se chargeait elle-même. Estimant comme perdus les jours où, après avoir beaucoup travaillé, elle croyait s'être livrée à cette funeste activité, elle écrivait à notre digne Mère : « Je vous redis toujours la même chose, je n'agis pas assez sous l'action de Notre-Seigneur, je manque de vie intérieure, je m'absorbe dans les choses extérieures au point de perdre la vue de Dieu; je suis humiliée à la fin de mes journées de voir que j'ai perdu mon temps en restant dans le vague, le rien. » Ce fut surtout pendant les premières années de sa vie religieuse qu'elle dut lutter contre elle-même et modérer son zèle, mais déjà elle se surmontait avec un généreux courage. Les jours de grande fête, lorsque le travail était plus pressant, elle commençait par se calmer et se mettre sous l'action de Dieu, puis elle agissait avec une paix qui ne nuisait en rien à son activité; elle conseillait ce moyen à ses sœurs comme secret de réussite.

Il est une vertu à l'abri de l'illusion, quand la vie de foi et l'obéissance la forment dans une âme: c'est l'abandon. Louise la pratiqua dans toute son étendue; c'était la disposition habituelle de son cœur à l'égard de Dieu, disposition tellement parfaite, qu'elle nous a assuré n'avoir jamais pu, même dans sa petite enfance, solliciter aucune grâce d'une manière absolue. Quand nous la priions de vouloir bien s'intéresser auprès de Notre-Seigneur pour nous obtenir quelque faveur particulière : « Je le ferai bien volontiers, répondait-elle, mais je ne demanderai que l'accomplissement de sa volonté. » Pour tous les détails de la vie, confiante en la bonté paternelle de Dieu, elle se tenait entre ses mains, attendant en paix la manifestation de son bon plaisir par les décisions des supérieures. « Je souhaite beaucoup travailler, écrivait-elle confidentiellement; mais comme dans mon désir je découvre une recherche de la nature, je demande au bon Dieu de vouloir bien le purifier par quelque moyen qui ne soit ni de mon goût ni de mon choix. » — « Si jamais je reviens à la vie, nous disait-elle durant sa dernière maladie alors que tout espoir de guérison n'était pas encore perdu, après tant de grâces reçues, il faudra bien que je sois une sainte; mais surtout je n'oublierai jamais que les emplois, quels qu'ils soient, ne sont que des moyens qui, après avoir été réglés par l'obéissance, doivent être mis en œuvre par l'esprit de foi ; car accomplir la volonté de Dieu est tout, le reste n'est rien ! »

Sa conduite extérieure ne démentit en aucune circonstance l'attrait spécial qui caractérise les âmes appelées à une haute perfection : santé, répugnances, goûts naturels ou surnaturels, tout était à l'entière disposition de l'obéissance : « Je ne vous demande rien, disait-elle à notre digne Mère, j'aime mieux m'abandonner entre vos mains; ce que vous déciderez sera le mieux et sera aussi ce que je préfèrerai à tout. »

Cet abandon complet, dont les fruits sont si doux, est une vertu, et conséquemment demande de notre part des efforts d'autant plus énergiques qu'elle est d'un ordre plus élevé. Notre chère Louise le comprit, et, quelque favorisée qu'elle fût de la grâce divine, il lui en coûta beaucoup pour rester dans cette voie où nous l'avons vue marcher avec tant de constance. « Il est bien facile, écrivait-elle dans une de ses ouvertures de cœur, lorsque tout réussit, lorsqu'on éprouve une certaine jouissance naturelle dans l'activité d'emplois que l'on aime, de faire de beaux actes d'abandon que l'on croit très-fervents et de bon aloi. C'est l'histoire de votre pauvre enfant jusqu'au moment où Notre-Seigneur lui a montré qu'elle manquait aussi bien de cette vertu que de toutes les autres. Je veux cependant vous dire que Notre-Seigneur m'a fait la grâce de n'être plus si raide à cet endroit; il me semble maintenant que, dans la partie supérieure, je n'ai plus que le désir de faire tout ce que le bon Dieu voudra. »

Un goût prononcé et une aptitude véritable l'eussent portée à s'occuper des études ainsi que de l'œuvre du pensionnat; la seule vue de nos chères enfants semblait réveiller en elle un attrait qui avait toujours existé dans son cœur; mais fidèle à un mobile plus élevé, celui du sacrifice et de l'abandon, elle ne témoigna ni désirs ni regrets lorsque l'obéissance l'eut retirée de ces emplois. Elle appréciait vivement le bonheur de passer sa vie religieuse à l'ombre du noviciat, et cependant elle était prête à quitter ce berceau chéri au moindre signe de ses supérieures. Les dispositions parfaites qu'elle manifesta à ce sujet, lors de l'examen qui précéda sa profession, touchèrent profondément notre digne supérieur.

Conformément au désir exprimé dans notre sainte règle, elle « chérissait la pauvreté comme sa mère et cherchait en toute circonstance à lui donner des preuves de sa tendre affection ; » telle fut sur ce point la délicatesse de sa conscience, que les officières durent veiller attentivement afin qu'elle ne manquât pas du strict nécessaire. Après sa mort, on eut peine à trouver, parmi les objets pauvres et usés qui seuls étaient à son usage, un léger souvenir à offrir aux membres de sa famille. Elle s'affligeait quand on lui donnait quelque chose de neuf; un simple buvard lui eût paru superflu, quelques feuilles de papier lui en tenaient lieu. Quoiqu'elle fût chargée du maniement des ouvrages, elle ne disposait de rien sans l'autorisation de la personne qui avait soin du vestiaire; elle la priait souvent de visiter les provisions qu'elle était obligée de conserver : « N'ai-je pas trop de choses, demandait-elle? ne suis-je pas trop difficile? j'ai si peu de soin des objets qui sont à mon usage!... »

Le dernier mois de sa maladie, on la mit dans une chambre plus commode que celle qu'elle avait habitée jusqu'alors; on voulut y transporter un tableau de Notre-Dame de la Salette, dont la vue avait souvent adouci ses longues heures de souffrance. « Non, non, s'écria-t-elle avec vivacité dès qu'elle s'en aperçut, c'est un acte qui a l'apparence de la propriété ; n'est-il pas dit dans la règle qu'on n'emportera rien avec soi quand on passera d'une chambre dans une autre? » Et il fallut, selon ses désirs, reporter le tableau à son ancienne place.

Ce même esprit de pauvreté la tenait constamment assidue au travail; dans les intervalles de repos que lui laissaient ses différents emplois, elle se rendait à la salle de communauté, et prenait son ouvrage, ne se permettant jamais d'elle-même de l'interrompre, quelque fatigue qu'elle en éprouvât;

là encore, il fallait la serveiller de près afin que sa santé n'en souffrît pas.

L'attention à se mortifier dans les moindres occasions, la vigilance exacte sur tous ses sens, étaient devenues pour Louise des vertus habituelles : son maintien, sa démarche, ses regards, tout en portait l'empreinte : « On me reproche de marcher trop lentement, disait-elle quelquefois en souriant, si l'on savait ce qu'il m'en a coûté ! » Et elle racontait que pendant son noviciat, elle s'était formée à ce calme religieux, si opposé à sa nature vive et ardente, en prenant à tâche de marcher derrière une personne dont le pas grave et mesuré lui servait de règle et de modérateur. Sa tenue, pendant les exercices de piété, n'était pas moins édifiante ; on l'a vue, peu de temps avant sa mort, et déjà bien affaiblie, faire ses prières à genoux, sans se servir d'aucun appui. Son extérieur, toujours en parfait accord avec les dispositions ordinaires de son âme, offrait l'expression d'une parfaite modestie. Les personnes qui l'approchaient, celles mêmes qui ne l'avaient vue qu'une fois, demeuraient frappées du charme inexprimable que donnait à ses traits le reflet d'une pureté tout angélique. « Elle semblait, nous a-t-on dit, chanter toujours dans son cœur avec les anges de Béthléem : Gloire à Dieu au plus haut des cieux, et paix sur la terre aux hommes de bonne volonté ! » Quelle parole, en effet, pouvait mieux rendre le calme et la béatitude vraiment célestes qui rayonnaient autour d'elle !

Le R. P. Félix, qui nous donna une retraite en 1858 , nous dit un jour qu'il passait tout exprès par un petit couloir attenant à la sacristie , afin d'y voir prier une religieuse dont la ferveur et la sérénité lui faisaient du bien et élevaient son âme à Dieu.

Une douce et bienveillante charité rendait plus attrayante encore cette parfaite modestie. Elle aimait toutes ses sœurs d'une affection cordiale et en était payée d'un juste retour; parfois son humilité s'en alarmait; mais bientôt, revenant de sa surprise avec une simplicité charmante : « Pourquoi m'étonner, disait-elle, si on a la charité de m'aimer, puisque, moi aussi, j'aime toutes mes sœurs; oui, toutes, jusqu'à la dernière arrivée, je les porte dans mon cœur. »

Sa plus grande satisfaction était de se trouver au milieu de ses Mères et de ses Sœurs; s'oubliant toujours elle-même, elle avait pour chacune les attentions les plus délicates, les procédés les plus humbles. Jusque dans les bras de la mort, malgré ses vives souffrances, elle ne se préoccupait que des besoins des personnes qui l'entouraient. Jamais on n'a pu saisir dans notre bien-aimée Sœur une seule nuance de caractère; aussi la croyait-on d'un naturel calme et pacifique; il n'en était rien : la vertu seule avait accompli son œuvre au milieu de luttes incessantes, et la dernière année de sa vie, Louise avouait que parfois encore elle se sentait *bouillir* d'impatience. Les inexpériences des jeunes novices qui la secondaient dans ses emplois lui donnaient la matière d'un fréquent exercice de vertu; et cependant, avec une égalité constante, elle supportait tout, excusait avec bonté, réparait les oublis, et même au besoin en recevait humblement la correction. En toutes choses, elle avait le secret de se réserver la part la plus difficile, afin de l'épargner à ses Sœurs ou d'alléger le fardeau de ses Mères. Rien ne saurait rendre la délicatesse de sa charité à cet égard : « Ne revenons jamais sur les décisions données, quelques raisons que nous croyions en avoir, disait-elle à celles de ses Sœurs qui travaillaient sous sa direction ; ne vaut-il pas mieux que nous ayons un peu plus de peine et nos Mères moins de sollicitudes?... »

Les rapports avec elle étaient si faciles et si doux, que nos chères Sœurs novices se réjouissaient à l'avance de l'avoir pour officière. Sans jamais fatiguer, elle obtenait ce qu'elle désirait, et l'on était toujours sûr de trouver auprès d'elle bienveillance et charité. Néanmoins elle savait, à l'occasion, exprimer librement certaines vérités, mais avec un tact si délicat, et, selon les circonstances, avec un sérieux ou un enjouement si plein de grâce, qu'il était impossible d'en ressentir la moindre amertume. Du reste, elle n'agissait ainsi que par devoir, et alors nulle considération humaine n'eût été capable de l'arrêter; ou bien par affection, à l'égard des personnes dont elle estimait la vertu : « C'est parce que je vous aime que je vous avertis avec tant de liberté, » disait-elle souvent à l'une de ses Sœurs qui l'avait priée de la reprendre de son accent étranger. Ses réparties, toujours remplies d'à-propos, étaient parfois assaisonnées du sel d'une aimable plaisanterie; elle savait attacher un intérêt plein de charmes à ses pieuses conversations : le bonheur de la vie religieuse, l'infinie bonté de Dieu pour les âmes qui lui appartiennent en étaient les sujets ordinaires. Jamais importune, elle se taisait humblement quand elle ne trouvait pas l'occasion de satisfaire son ardeur pour le bien des âmes. Cette ardeur la préoccupait sans cesse, particulièrement dans ses rapports avec les novices et les postulantes; ses attentions à leur égard n'avaient point d'autre but. Dans les circonstances les plus indifférentes, elle allait au-devant de leurs désirs ou de leurs besoins, s'efforçant d'écarter ces mille petites difficultés qui, sous l'influence de l'imagination, se multiplient souvent au début de la vie religieuse et suffisent pour arrêter des âmes remplies de bonne volonté, mais encore faibles et inexpérimentées. Quelquefois il semblait que Dieu lui-même la secondât par des inspirations toutes spéciales; elle agissait alors avec simplicité sous l'impulsion de la grâce, et ses paroles avaient tout l'abandon d'une âme qui s'ignore. Une de ses Sœurs venait de quitter sa patrie et une maison qui lui était chère; les regrets se faisaient encore vivement sentir, sans toutefois troubler sa sérénité extérieure. Dans un de ces moments pénibles, elle est rejointe à la récréation par notre chère Louise qui tout à coup s'écrie : « Pourquoi serions-nous tristes au service de Notre-Seigneur? nous n'avons aucun sujet de l'être; que de motifs, au contraire, de nous réjouir! » Puis, avec l'accent d'une intime conviction, elle parle du bonheur et des grâces attachées à la vie religieuse. « En l'écoutant, nous a confié la personne à qui elle s'adressait, j'eus honte de mon chagrin, et depuis ce moment il ne m'est jamais arrivé d'être triste. »

Voici encore un autre petit trait, plus frappant peut-être, qui nous a été rapporté par la même personne. Elle venait de recevoir quelques observations sur la manière dont elle s'acquittait de son emploi, et, à son insu, une légère nuance de découragement s'était glissée dans son âme; mais Notre-Seigneur seul en avait le secret. Au même instant Louise l'aborde avec son enjouement ordinaire, et lui dit sans aucun préambule : « Ah! ma Sœur, que j'aime à me rappeler ce trait de la vie du bon frère Gilles, disciple de saint François d'Assise et de saint Bonaventure, lorsqu'il parcourait les rues de Rome, s'écriant tout transporté de joie : « Venez, hommes simples et sans » lettres, idiots, ignorants; venez, bonnes » femmes; venez tous aimer Notre-Seigneur! » Vous pouvez l'aimer autant et même plus » que le Père Bonaventure et les plus ha-» biles docteurs!... » Voyez, ajouta-t-elle, combien Dieu nous favorise quand il ne nous confie que des emplois matériels :

celles de nos Sœurs qui sont chargées des classes se trouvent exposées à beaucoup de distractions ; il n'en est pas ainsi pour nous, et cependant nous avons comme elles la grâce d'aimer le Sacré-Cœur et de lui gagner des âmes. Que nous sommes donc heureuses d'être simples à la manière du bon frère Gilles ! » A ces derniers mots, la religieuse, qui était d'une nation étrangère, l'interrompit pour lui demander avec surprise : « Qu'appelez-vous donc être simple ? » Cette naïve question excita toute la gaîté de Louise ; après en avoir ri de bon cœur, elle lui répondit : « Etre simple, dans le sens du frère Gilles, c'est n'avoir que peu d'intelligence, de capacité et d'idée ; mais cela n'empêche nullement d'aimer et de servir notre bon Maître. » La jeune aspirante, réjouie et encouragée, se promit de goûter à l'avenir, comme le frère Gilles, les fruits de cette bienheureuse simplicité.

Les nécessités spirituelles de ses plus jeunes Sœurs étaient souvent l'objet de ses prières ; elle nous disait : « Quand je ne suis pas bien disposée pendant mes exercices de piété, je passe en revue toutes mes Sœurs novices, et je dis à Notre-Seigneur : « Mon Dieu, accordez telle grâce à cette âme, telle autre à celle-ci... »

Celles d'entre nous qui lui ont été confiées pendant leur postulat estiment comme une faveur spéciale de l'avoir connue plus intimement, et n'oublieront jamais les exemples de vertu qu'elle leur a laissés. Quelques instants passés auprès d'elle remettaient dans le calme et la paix; son accueil si gracieux, si ouvert, dissipait tout nuage. L'une d'elles, encore sous la première et pénible impression du sacrifice, franchissait le seuil de Conflans : « Voici la personne qui désormais prendra soin de vous, » lui dit la portière en montrant Mme Louise ; et à sa seule vue, la postulante se trouva heureuse et consolée.

Nos enfants conservent le même souvenir ; elles ne tarissent point sur le bien que cet ange de douceur leur a apporté dans les emplois qu'elle a remplis près d'elles. Ce fut surtout au milieu des humbles et pénibles fonctions de surveillante du petit pensionnat que notre chère Louise mit en pratique une maxime qu'elle redisait souvent à sa sœur Joséphine : « Tendons à la vie cachée, mais à cette vie cachée qui ne néglige aucun devoir, aucune occasion de se dévouer, et cela simplement, dans l'ombre et pour Dieu seul. » Elle aimait aussi à citer le passage de nos saintes règles où il est dit que, dans l'œuvre du pensionnat, nous sommes toutes solidaires ; et, l'expliquant par une comparaison familière, elle ajoutait : « Il ne faut pas laisser couler l'eau et dire : D'autres sont là pour réparer le dégât. »

Une calme possession d'elle-même lui donnait sur les enfants les plus difficiles une action et une autorité étonnantes. Sans beaucoup de paroles, elle obtenait l'observation exacte du réglement; toutes lui obéissaient volontiers et recevaient avec foi et affection les conseils et les réprimandes qu'elle leur adressait quand le devoir l'y obligeait. Sa meilleure consolation était de déposer dans ces jeunes âmes les premières semences de la piété ; elle le faisait dans des instructions religieuses d'une clarté et d'une simplicité persuasives. Durant les heures consacrés au travail à l'aiguille, elle leur expliquait même, sans les lasser jamais, les diverses méthodes de méditation et d'examen, qu'elle savait mettre à leur portée d'une manière si attrayante et si solide, qu'après plusieurs années ces enfants se rappellent encore avec bonheur les enseignements de leur douce maîtresse. Lors de sa dernière maladie, elles partagèrent notre douleur, offrant pour elle leurs plus ardentes prières; et lorsque tout espoir de guérison fut perdu, elles sollicitèrent comme dernière consolation la faveur de lui écrire, afin de lui confier leurs messages pour le ciel.

Au mois de septembre dernier, elle parut recouvrer quelques forces pour s'occuper encore de la plus jeune de nos élèves; chaque jour elle lui consacrait plusieurs heures, lui apprenant à travailler, lui faisant observer des temps de silence et de récréation : c'était, disait-elle en riant, « son petit cours d'ouvrage. » Cette œuvre de zèle, si minime en apparence, mais grande aux yeux de sa foi, semblait apporter un véritable adoucissement à l'état de souffrance et d'extrême faiblesse dans lequel elle se trouvait depuis plusieurs mois.

Nous avons déjà parlé de l'amour que Louise ressentit toujours pour les membres souffrants de Jésus-Christ; elle eut dans ses emplois religieux l'occasion de satisfaire cet attrait de prédilection. Chargée de faire confectionner les vêtements et de réunir les objets destinés aux indigents, elle ne pouvait dissimuler sa joie : « Ce sont mes délices! » disait-elle. Son bonheur était plus vif encore quand il s'agissait de venir en aide aux églises pauvres; nulle fatigue, nul sacrifice ne lui semblait trop pénible; toujours occupée du soin d'augmenter son petit trésor, ingénieuse à découvrir tout ce qui pouvait servir à ce but, elle sollicitait avec d'aimables instances la charité des officières qui pouvaient lui venir en aide : « Oh! je vous en conjure, leur disait-elle, donnons le plus qu'il nous sera possible, cela attire les bénédictions de Dieu sur la maison. »

Quant à ses rapports avec les personnes

du monde, ses goûts tout religieux l'en eussent éloignée; mais là encore, la nature de ses emplois lui fit sentir la nécessité de surmonter ses répugnances, et elle s'y prêta avec son abnégation parfaite, comme à un nouveau moyen de glorifier le Cœur de Jésus. Au parloir, on la vit toujours simple et aimable, mais calme et recueillie; elle laissa, malgré sa grande jeunesse, à tous ceux qui l'approchèrent, de profondes impressions de respect et de vénération. Près d'elle, on goûtait instinctivement les charmes de la vertu; ses paroles douces et bienveillantes ouvraient et dilataient les cœurs. Nous recevons chaque jour le témoignage unanime des regrets que sa mort a causés, même aux personnes qui n'ont eu que rarement l'occasion de traiter avec elle.

Nous avons essayé de retracer les exemples si édifiants laissés par la Sœur bien-aimée que nous regrettons; à nos yeux, et nous osons le dire, aux yeux de Dieu même, elle réalisait, autant qu'il est possible à la faiblesse humaine, l'idéal d'une véritable religieuse du Sacré-Cœur, tel qu'il nous est offert par nos saintes constitutions ; mais à ses propres regards, qu'elle en était éloignée ! Renfermée dans le sentiment de sa bassesse et de son néant, elle se croyait, de bonne foi, dénuée de vertu, de capacité, s'estimait un sujet de peine et de support pour celles qui l'entouraient, se persuadant avoir un caractère rude et désagréable, à cause de la violence continuelle qu'elle devait se faire pour en réprimer l'ardeur. On l'a entendue dire avec l'accent de la plus sincère conviction : « Sans la charité de mes Mères et de mes Sœurs, je serais pour elles un objet de profond mépris ; au reste, c'est le sentiment que tout le monde doit avoir à mon égard. »

Elle ne savait par quels termes exprimer ce qu'elle appelait sa nullité en toutes choses : « Mon âme est aussi insignifiante que ma personne, disait-elle ; je suis comme une eau sans couleur. » A chaque page des comptes-rendus de ses dispositions intérieures, nous retrouvons la même pensée dominante : « Je veux être à Notre-Seigneur ;

je veux être du nombre de ceux dont parle saint Ignace dans ses saints Exercices, qui se signalent sous le drapeau de Jésus-Christ; et, avec de si bonnes intentions, je suis la plus lâche des lâches, continuellement par mes actes en contradiction avec mes paroles... Je laisse mon âme s'engourdir, je me traîne un peu, et c'est une véritable ingratitude de ma part; j'ai tant reçu! Notre-Seigneur me fait de si grandes grâces! Il me donne toujours ce besoin de Lui, cette soif de Lui plaire... » Et encore: « J'ai trouvé du désordre dans mon âme, de la paresse dans mon esprit, de la négligence dans l'accomplissement de mes devoirs; il me semble que je manque un peu par tous les côtés à la fois; j'ai honte de moi; je suis comme une maison où il n'y a ni portes ni fenêtres, mais beaucoup de poussière. Tout cela m'a humiliée devant Dieu, et m'a fait aussi prendre de bonnes résolutions pour veiller sur moi-même, pour agir davantage sous l'action de Notre-Seigneur. »

La conviction qu'elle avait de son incapacité était si simple, si naïve et si sincère, qu'on n'était pas même tenté de l'appeler humilité. « Qu'il fait bon n'être rien ! » était sa phrase de prédilection. Son humilité ne se bornait pas du reste à des paroles ou à des sentiments qui souvent ne se soutiennent pas en présence de l'humiliation : c'était le sourire sur les lèvres et la joie dans le cœur qu'elle accueillait cette visiteuse si importune à la nature. Elle l'estimait comme une grâce et la désirait comme le meilleur moyen de parvenir à l'humilité. Un samedi, on la vit triste et soucieuse; interrogée sur la cause de cette inquiétude : « Je crains, répondit-elle, que la sainte Vierge ne soit pas contente de moi; tous les samedis elle m'envoie une humiliation; voici la journée presque passée, et je n'en ai point encore reçu; j'ai bien peur que cette bonne Mère ne m'ait oubliée. » Elle alla même jusqu'à demander instamment à Notre-Seigneur, le jour de sa profession, la grâce de ne plus obtenir désormais l'approbation des créatures. Tout ce qui tendait à la faire ressortir lui était véritablement à charge, elle se réjouissait d'un non-succès comme bien d'autres peut-être d'un éloge. Les observations qu'on pouvait lui adresser au sujet de ses emplois, étaient toujours reçues avec une soumission pleine de reconnaissance. Les lignes suivantes nous révèlent ses sentiments en de telles circonstances : « Si mon défaut d'idées, mon ignorance ne vous étaient pas si incommodes, je vous avoue que je m'en réjouirais tout à fait; il y a un grand avantage pour mon âme dans cet état; ce genre de nourriture lui est profitable. Je veux cependant mettre tout en œuvre pour réussir, pour m'acquitter de mon mieux de tout ce qui me sera confié, par amour pour Notre-Seigneur, afin de Lui plaire, de Lui procurer autant de gloire qu'il me sera possible. »

Pendant sa dernière maladie, et déjà bien souffrante, elle crut un jour sans aucune raison avoir manqué d'égards envers une de nos Mères qui était allée la visiter; elle lui écrivit aussitôt le billet suivant, fidèle expression de sa touchante humilité : « Je vous demande mille fois pardon d'avoir été si peu convenable lorsque vous avez eu l'extrême charité de venir me voir ; je ne suis qu'une misérable, indigne de vos bontés. Veuillez encore pour cette fois me pardonner ; j'espère, avec le secours de Notre-Seigneur, que je parviendrai à surmonter ma si mauvaise nature. Croyez-moi, je vous en conjure, la plus reconnaissante de vos enfants. »

Ce fut donc dans la pratique simple et constante des solides vertus que notre chère sœur Louise passa les dix années de sa vie religieuse. Nous avons recueilli avec une profonde édification ce témoignage de notre digne Mère, près de qui elle a constamment vécu : « Je n'ai jamais eu un seul reproche sérieux à lui adresser ; j'ai dû souvent la retenir ; l'exciter, jamais ! »

Sa vertueuse mère elle-même nous a assuré ne lui avoir jamais vu commettre d'autres fautes que celles qui tenaient à son naturel ardent ; aussi, malgré sa douleur, redit-elle souvent : « Louise a été ma joie pendant sa vie, son souvenir est ma plus douce consolation après sa mort. »

Sans rappeler davantage les vertus dont Dieu avait enrichi son âme, et surtout cette humilité profonde qui, à elle seule, eût suppléé à toutes, nous devons ajouter que notre chère Sœur possédait encore de rares et précieuses qualités naturelles, des aptitudes vraiment remarquables pour tous les emplois, même pour les études auxquelles la faiblesse seule de sa santé ne permit pas de l'appliquer. Elle y joignait beaucoup d'ordre et d'activité, un jugement droit, uni à un esprit vif et pénétrant, une facilité singulière pour exprimer d'une manière spirituelle les pensées les plus profondes, une grande maturité de vues, une extrême délicatesse de cœur, enfin tous les dons propres à gagner les âmes, à les diriger et à les conduire à Dieu.

CHAPITRE VII

Probation de Louise. — Sa profession.

La Société du Sacré-Cœur, basée sur les constitutions de la Compagnie de Jésus, fait passer comme elle ses enfants par différentes époques d'épreuve ou de préparation. Les vœux simples de pauvreté, de chasteté et d'obéissance, prononcés après deux années révolues de noviciat, constituent la novice véritablement religieuse. Ces vœux sont perpétuels, mais révocables : la Société ne se liant à ses membres que par la profession. Le temps qui s'écoule depuis l'émission des premiers vœux jusqu'à celle des derniers, a reçu le nom d'aspirat; c'est en quelque sorte une continuation du noviciat, dont on conserve les exercices et les pratiques compatibles avec l'étude ou l'enseignement auxquels on est alors appliquée. Sa durée est ordinairement de cinq années; ce temps est souvent prolongé, rarement abrégé; il se termine par un second noviciat de six mois nommé *probation*. On s'y occupe exclusivement du soin de sa propre perfection, dans le but de se préparer à être admise dans le corps de la Société par la grâce de la profession religieuse. « On suspend donc, » selon les termes mêmes de la règle, « toute espèce » d'étude, se bornant au seul travail des » mains, afin de donner plus de temps aux » pratiques de la vie intérieure, telles que » l'oraison, le silence, la méditation appro- » fondie des devoirs et des engagements reli- » gieux; on est aussi plus exercé dans les » actes d'humilité, d'obéissance, de pau- » vreté, de renoncement à soi-même. » Le sixième mois est consacré en entier aux exercices de saint Ignace. La probation se fait ordinairement à la maison-mère, faveur doublement appréciée : c'est là que dans le calme et le recueillement, entourées de la sollicitude de nos premières et vénérées Mères, formées par leurs conseils et surtout par leurs exemples, nous apprenons à connaître et à aimer de plus en plus la Société bénie qui va nous adopter à jamais pour ses enfants.

Ainsi, après cinq années au moins passées dans l'activité du travail, après avoir essayé ses forces au service du Seigneur, il est, pour chacune de nous, un moment « de saint repos, » et, comme l'a dit le saint auteur de l'*Institut des Jésuites* dont nous aimons à rappeler ici les paroles : « Il passe bien vite ce temps d'un saint repos qui ne reviendra plus. J'en ai joui, et il ne me sera plus donné d'en jouir avant ma mort; et quel que soit le nombre des années que Dieu me réserve sur cette triste terre, l'année du repos ne s'y trouvera plus pour moi. » En effet, une fois seulement il sera permis à la religieuse du Sacré-Cœur de le goûter; mais telle sera la force qu'elle puisera dans cette halte, que désormais elle marchera, sinon sans fatigue, du moins sans faiblesse, jusqu'au terme de la carrière.

On le voit, la Société du Sacré-Cœur n'épargne ni temps ni sacrifices pour offrir à Jésus-Christ des épouses dignes de Lui. Ce n'est qu'après une longue préparation qu'elle les admet enfin à prononcer solennellement les trois vœux religieux, auxquels se joignent celui de stabilité et l'engagement de se dévouer à l'éducation de la jeunesse. On peut cependant satisfaire à l'obligation de ce dernier vœu dans l'exercice de tout autre emploi confié par l'obéissance. Tout entière à Dieu, tout entière aux âmes, la nouvelle professe, sans qu'il lui soit permis de jeter un regard en arrière, se dévouera sans réserve et jusqu'au dernier jour à la gloire du Sacré-Cœur. La Société, sa mère, a tout fait pour elle et a droit d'en attendre beaucoup : chaque jour elle lui rappellera que celle qui « a contracté, à » la face du ciel et de la terre, l'engage- » ment de tendre à la perfection, doit ex- » celler en pauvreté, en chasteté, en obéis-

» sance, être enracinée dans l'humilité et la » charité; que son amour pour Jésus-Christ, » son zèle pour la gloire du divin Cœur, » sa charité pour le prochain, en un mot, » toutes les vertus essentielles ou propres à » sa vocation, doivent autant surpasser celles » qu'on remarque dans les novices, qu'il y » a de différence entre une personne qui » court dans la voie à celle qui en cherche » le chemin. » Tel est le but qu'elle se propose dans la longue et laborieuse éducation de ses enfants; puisse-t-elle toujours, avec la grâce du Cœur de Jésus, l'atteindre dans toute son étendue et sa sublimité!

Elle pouvait sans crainte reposer ses plus douces espérances sur notre chère Louise qui, après six années d'aspirat, nous offrait déjà le modèle accompli de toutes les vertus religieuses. Au mois de juin 1860, notre très-révérende Mère générale l'ayant admise à commencer sa probation, elle partit pour la Maison-mère. A cette même époque, sa plus jeune sœur entrait à Conflans pour y faire son postulat : « Se mortifier constamment, s'humilier toujours, » tel fut le bouquet spirituel que Louise reçut de sa mère au moment du départ. A Paris, comme parmi nous, elle se montra humble et modeste, fidèle et régulière, mettant tous ses efforts à vivre pour Dieu seul, tous ses soins à s'effacer aux yeux des créatures. Son humilité nous laisse cependant le regret de n'avoir pu recueillir des détails circonstanciés sur ce temps de retraite, passé loin de nous. Toutefois, les personnes qui vécurent alors près d'elle, ont senti que cet extérieur si simple, si modeste et toujours si aimable, cachait une âme enrichie de dons précieux et intimement unie à Notre-Seigneur. On remarqua surtout sa dévotion filiale à Marie Immaculée, son attachement à la Société et à nos premières Mères, la délicatesse de sa charité à l'égard de ses Sœurs, son dévouement dans l'exercice des petits emplois qui lui furent confiés, enfin cet attrait pour la pauvreté, l'humilité et l'abnégation, qui prenait d'autant plus d'accroissement dans son âme, qu'elle s'identifiait davantage à son divin Modèle.

Nous transcrirons ici quelques lignes extraites d'une lettre écrite après sa mort par une de nos Sœurs qui, après avoir été la compagne de son noviciat, la rejoignit pendant sa probation :

« En communiquant avec cette âme calme et pure, on éprouvait bientôt les heureuses influences de son ardente charité; si tout était paisible au dehors, tout n'était pas sans sollicitude au dedans; il y avait là un foyer de ce zèle dévorant dont la nature est de chercher à se faire jour pour procurer, par des industries infatigables, la gloire de Celui qui est le seul objet des affections et des désirs. Nul lien, nulle recherche personnelle ne gênait son action ni ne la détournait de son but unique. Exciter dans tous les cœurs l'amour du divin Maître, le dévoûment à ses saintes volontés manifestées par l'obéissance, ranimer la ferveur par l'exercice d'une vertu aussi simple que solide, n'était point pour elle un effort, mais une heureuse nécessité; c'était comme un vase rempli qui déborde doucement. J'avais vécu longtemps avec elle au début de sa vie religieuse, je l'avais vue répandre constamment autour d'elle l'édification la plus aimable, et j'avais été témoin de ses rapides progrès; toutefois, en la revoyant à la probation, je fus frappée du développement qu'avaient pris ses vertus; j'admirais surtout cette ardeur de charité et cette délicatesse d'amour pour Notre-Seigneur, qui, sans lui laisser aucun repos, l'inclinaient à rechercher et à employer avec un tact exquis les moyens de porter les autres à se dévouer au divin Cœur, comme elle s'y dévouait elle-même. »

La probation a dû produire une œuvre complète de renouvellement et de sanctification; afin de l'asseoir sur des bases inébranlables, la Société du Sacré-Cœur invite ses enfants à passer le sixième mois de ce dernier noviciat dans une retraite absolue. Elle leur remet alors entre les mains, avec ses propres constitutions, le livre des Exercices de Saint-Ignace : c'est un trésor à exploiter, une mine féconde à creuser. Dans un silence continu, dans un recueillement que rien ne vient troubler, celle qui se dispose prochainement à la grâce de la profession, pèsera de nouveau devant Dieu ses obligations de chrétienne et de religieuse. Elle va donc, non se reposer, mais *s'exercer*, mais combattre et surtout prier, afin de régler de plus en plus sa vie sur les exemples de Jésus-Christ. Si sa fidélité aux moyens indiqués ne se dément pas, elle expérimentera la vertu toute divine de ces saints Exercices, inspirés, on peut le croire pieusement, par l'Esprit-Saint lui-même, au pénitent de Manrèse. Par un enchaînement merveilleux et nécessaire, elle sera conduite, non sans efforts, mais sans contrainte, à embrasser ce qu'il y a de plus parfait dans les conseils évangéliques. A la lumière de la raison et de la foi, elle comprendra qu'elle est de Dieu, à Dieu et pour Dieu; aux clartés plus vives encore de l'amour divin, elle se déterminera à suivre Notre-Seigneur de plus près, et inclinera toutes ses affections vers les choses qu'il a aimées et recherchées, c'est-à-dire vers la pauvreté, la souffrance et l'abjection dont elle voit les noms écrits sur l'étendard de son divin Chef. Elle s'efforcera de faire passer dans son propre cœur les dispositions mêmes du Cœur de Jésus; chaque jour elle s'approchera davantage de ce foyer ardent et s'y enflammera du désir de lui rendre amour pour amour. Dans une dernière contemplation, elle apprendra que cet amour consiste dans la communication des biens, et, par la consécration religieuse, réalisera dans toute son étendue la sublime prière, ou plutôt le contrat solennel, l'acte de charité parfaite qui couronne les saints Exercices : « *Suscipe*, *Domine* : Recevez, Seigneur; » ou, selon la force de ce mot, *suscipe* : Prenez et gardez, saisissez, enlevez en haut toute ma liberté, ma mémoire, mon intelligence, toute ma volonté, tout ce que je suis, tout ce que je possède. Tout est à vous, vous m'avez tout donné, je vous le restitue. Disposez-en selon votre volonté. » Non-seulement elle se donne sans retour, mais, par un autre vœu spécial, elle consacre ses forces et sa vie au salut des âmes, et ne demande en échange que la grâce et l'amour de son Dieu.

Tel est le secours tout-puissant, la grâce signalée et décisive, unique dans la vie religieuse, que la Société, notre Mère, réserve à ses enfants, et par laquelle elle met le dernier sceau à l'œuvre de leur formation, commencée depuis de si longues années.

Louise avait compris l'importance et appréciait vivement la grandeur de ce bienfait; elle le souhaitait ardemment; plusieurs fois elle exprima la crainte de tomber malade avant d'avoir vu ses pieux désirs accomplis : peut-être les souffrances qu'elle éprouvait déjà lui avaient-elles fait pressentir que, pour elle, cette retraite précéderait celle de l'éternité. Vers le milieu de septembre, elle apprit avec une joie inexprimable que les portes de la solitude allaient enfin s'ouvrir pour elle et pour sa mère, qui arrivait à la probation; ces deux âmes, si intimement unies par les plus saintes affections, allaient partager les mêmes grâces, se préparer au même sacrifice. Voici en quels termes Louise annonçait à son frère la nouvelle de son prochain bonheur : « Je commence demain ma retraite; je n'ai pas voulu m'enfoncer dans ces jours de solitude sans venir t'adresser un petit mot d'adieu. Je te dirai sans craindre de te scandaliser, que je trouve le temps long sans te voir, sans apprendre de tes nouvelles. Toutes les fois que cette privation se fait sentir, je demande à Dieu d'accorder à ce frère tant aimé ses meilleures grâces.

» Je me prends à envier un peu de ton intelligence au moment de me livrer pendant trente jours à de continuelles méditations. Il me semble que tu méditerais si bien si tu te mettais à le faire! Les Exercices de saint Ignace renferment tant de richesses, tant de trésors spirituels! Mais j'espère... ou plutôt je compte sur le secours du Saint-Esprit ; je lui demande d'inonder mon âme de ses lumières, afin que je comprenne et que je goûte ce don de Dieu.

» Je ne sais si tu vas toujours entendre la messe à Notre-Dame-des-Victoires ; quoi qu'il en soit, si par hasard tes affaires te conduisent de ce côté-là, je t'en prie, entre un instant à l'église, et fais une toute petite prière pour moi, j'en fais tant pour toi! Adieu ; dans un mois, quand tu me reverras, je serai professe du Sacré-Cœur, liée par des vœux perpétuels, et la plus heureuse créature de la terre.

» Adieu, je t'envoie les plus affectueux sentiments de mon cœur,

» Ta sœur,

» LOUISE MALLAC,

» R^se du S.-C. »

Louise parla toujours avec une extrême réserve de ce temps de faveurs célestes; mais nous avons vu plus que des paroles, nous avons les effets pour affirmer que la retraite exerça sur elle une pleine et puissante action. Un moment, la pensée de la confession générale, conseillée pendant la première semaine des exercices, la jeta dans une sorte de perplexité. La vivacité de sa foi et la pureté de son amour lui faisaient craindre de ne pas apporter à cet acte toute la perfection possible. Mais dans ses difficultés, elle avait toujours un refuge assuré : elle avait Marie. Laissons-la nous raconter elle-même avec sa simplicité d'enfant comment elle se délivra de cette appréhension passagère : « J'étais un peu inquiète, mais bientôt je me dis : Pourquoi perdre ainsi mon temps à me tourmenter? je vais tout confier à ma bonne Mère. Alors je l'ai suppliée de me faire voir paisiblement, dans la lumière de Dieu, les fautes de ma vie passée, sans en excepter une seule, et de m'aider à les accuser toutes avec une contrition véritable. Je crois avoir été exaucée, a-t-elle plusieurs fois assuré avec une conviction qui nous a vivement frappées. Oui, je suis sûre d'avoir confessé toutes mes fautes, même les plus légères, et j'ose espérer de la bonté de Marie que j'ai aussi reçu la grâce de la contrition parfaite. Aussitôt après, je suis allée remettre mon absolution entre les mains de la sainte Vierge, et je lui ai dit : Ma bonne Mère, vous en êtes la gardienne; si je pèche désormais, je n'en suis plus responsable. » Puis elle ajoutait, inspirée sans doute par le pressentiment de sa fin prochaine qui semblait ne plus la quitter : « Si je vous confie ces choses, c'est afin que l'on n'ait aucune inquiétude sur cette confession, dans le cas où je perdrais la parole avant de mourir. »

Elle écrivait encore à ce sujet à notre digne Mère : « Jamais je ne saurais vous exprimer la paix que m'a procurée ma confession générale; il m'a semblé, après l'absolution, que je venais de recevoir le baptême. » Dans les jours de repos, ménagés aux retraitantes à la fin de chaque semaine, elle reparaissait au milieu de ses Sœurs, toute pénétrée d'un saint recueillement, tout embaumée encore de l'atmosphère de paix qu'elle venait de respirer. « Il semble, disait-elle, que l'on revienne d'un grand voyage fait dans un autre monde. » Pour elle se vérifia pleinement ce mot du Seigneur parlant de l'âme qu'il aime : « Je la conduirai dans la solitude, et là je lui parlerai au cœur. » Louise allait sortir des saints exercices, embrasée d'un nouveau désir de procurer la gloire de Dieu et le bien des âmes, prête à recevoir la croix, en un mot, disposée à accepter pour Epoux, Jésus crucifié, à vivre et à mourir en union et en conformité avec son divin Cœur.

Cependant, tout se préparait à Conflans pour une heureuse cérémonie; notre très-révérende Mère générale, qui voulait bien nous rendre celles dont les vertus nous avaient jusque-là tant édifiées, nous laissait aussi la consolation d'être témoins de leur consécration religieuse. Le 15 octobre 1860, fête de sainte Thérèse et jour anniversaire de son premier sacrifice, Mme Mallac prononçait ses derniers vœux, et offrait au Seigneur, avec une indicible consolation, ses deux plus jeunes enfants. Louise, qui s'unissait comme elle au divin Cœur, et Joséphine qui recevait le voile béni de la religion. Nous en avons la douce confiance, Notre-Seigneur abaissait alors sur notre chère solitude un regard de complaisance et d'amour, et son Cœur sacré fut consolé par l'édifiant spectacle qui nous réunissait au pied de ses autels. Cette jeune enfant, heureuse du privilége de faire son premier pas dans la vie religieuse, guidée par une mère vénérable et une sœur chérie; ces enfants et petits enfants assemblés dans le même sanctuaire, accompagnant de leurs vœux ce triple sacrifice, offraient aux anges mêmes, un spectacle digne d'admiration.

M. l'abbé Surat, notre supérieur, n'avait voulu céder à personne le droit de présider cette solennité ; profondément ému, il fit entendre une parole du Roi-prophète, que répétait souvent dans les transports de sa reconnaissance l'illustre Sainte dont l'Eglise célébrait la mémoire : « Je chanterai éternellement les miséricordes du Seigneur. » Puis, dans quelques mots pleins de force et d'onction, il fit le rapprochement des grâces que Dieu avait accordées à sainte Thérèse et de celles qu'il répandait alors même sur cette heureuse famille : « Grâces de préservation, leur dit-il, que toutes trois vous avez reçues à des degrés différents ; grâces d'élection, auxquelles en ce moment, toutes trois, vous participez également, car le Seigneur ne dit-il pas à chacune de vous, comme autrefois à sainte Thérèse : « Je » serai ton époux, et tu seras mon épouse à » jamais. » Enfin, grâces de persévérance et de prédilection que vous mériterez par votre fidélité. » Il termina par ce passage des Proverbes, dont l'heureux à-propos n'avait pas besoin d'explication : « Les enfants pieux sont la couronne de leurs parents, et, à leur tour, les parents vertueux sont la gloire et l'honneur de leurs enfants. »

M. Mallac voulut que le souvenir de cette journée demeurât empreint d'un caractère à la fois religieux et filial. A son appel, toute la famille réunie au parloir après la cérémonie, demanda et reçut avec une vénération profonde la bénédiction de Mme Mallac. La prière maternelle, s'élevant alors vers le Ciel, fit descendre sur tous les grâces les plus abondantes.

Notre-Seigneur seul a le secret de l'ineffable bonheur dont fut remplie l'âme de cette mère, qui venait de rendre au Seigneur, par un sacrifice parfait, les enfants qu'il lui avait données, et qu'elle avait si religieusement élevées dans son amour.

La grâce des derniers vœux donna un degré sensible de perfection à la vertu si pure de notre chère Louise; en se liant irrévocablement au Cœur de Jésus, elle sembla puiser une vie nouvelle à ce foyer d'amour, et l'on put dire avec vérité « qu'elle ne vivait plus, que Jésus seul vivait en elle. »

De retour au noviciat, elle reprit ses emplois accoutumés avec l'ardeur d'une charité toute divine ; ses moindres actions en portaient l'empreinte, on la voyait briller, sans qu'elle s'en doutât, au travers de la modeste simplicité qui avait toujours été ; selon l'expression de notre sainte règle, « son vêtement, sa parure et la gardienne de ses vertus intérieures. »

L'allégresse remplissait son cœur et se peignait sur tous ses traits : « Ah ! si vous saviez la force et la douceur des liens de la profession religieuse, » disait-elle à l'une de ses sœurs en essayant de lui exprimer la joie qui inondait son âme ; mais les paroles lui manquaient ; elle ne pouvait que redire : « Ah ! si vous saviez ! que cette union avec Notre-Seigneur est donc intime ! J'ignore si cela continuera, je ne le crois pas, ce serait trop doux ! »

Cinq jours après la belle fête de sainte Thérèse, elle écrivait à notre digne Mère avec plus d'abandon encore : « Depuis mes vœux, je me trouve dans une disposition intérieure, qui, je le crois, ne sera pas de longue durée, parce qu'elle est trop consolante; tel est peut-être l'état habituel des professes; cependant j'avoue que j'ai peine à me le persuader; c'est un besoin de Notre-Seigneur, une sorte d'entraînement vers Lui et un désir unique de le contenter Lui tout seul. D'après cette disposition, la plus petite prière, un *Veni Sancte*, par exemple, me procure un bonheur inexprimable. Il n'est pas possible, je le sens, que cet état reste toujours le même; mais j'espère que le désir de satisfaire Notre-Seignenr et l'appréhension de l'offenser ne passeront jamais. »

Comme elle l'avait prévu, le sentiment si vif de son bonheur devait parfois s'affaiblir : « Hélas! disait-elle humblement quelques mois après, que je suis loin de ma retraite! je ne trouve plus en moi cette énergie qui me faisait faire joyeusement pour l'amour de Notre-Seigneur tout ce qui me coûtait et même aller au-devant. » Mais la privation n'apporta aucun préjudice à sa fidélité; les vertus solides peuvent, et souvent même, doivent se passer de l'appui d'une consolation sentie. Vivre de Dieu et pour lui seul, devint plus que jamais le but constant de ses efforts, elle nous avoua que le jour de ses vœux, Notre-Seigneur lui avait fait comprendre, par une lumière spéciale, combien la foi pure, dégagée de tout ce qui est sensible, est agréable à son divin Cœur et nécessaire pour produire dans les âmes des fruits de salut. En nous rappelant cette époque de la vie de notre chère Louise et le recueillement qui semblait alors lui être devenu presque habituel, nous retrouvons un des plus doux souvenirs d'édification qu'elle nous ait laissés. « Comment ne pas toujours penser à Notre-Seigneur, disait-elle en regardant avec amour sa croix de professe, lorsqu'on porte constamment sur son cœur l'image de Jésus crucifié? »

« Je me sens fortement pressée, depuis mes vœux, écrivait-elle, de tendre à la vie intérieure; je me réjouis quelquefois d'en éprouver un si pressant besoin, de le demander si souvent à Dieu; c'est peut-être un petit acheminement vers cette bienheureuse vie, objet de tous mes vœux. » Puis elle revient sur l'unique préoccupation de son cœur, exprimée à chaque page de ses comptes-rendus. « Je désire en toutes choses plaire à Notre-Seigneur, et lui être dévouée sans réserve. »

CHAPITRE VIII

Mission de Louise dans sa famille.

La religion, loin d'affaiblir les sentiments si légitimes d'affection que la nature nous inspire à l'égard de nos proches, les commande et les vivifie; elle les ennoblit même, en les transportant dans un ordre supérieur, celui de la grâce, où ils participent en quelque sorte à la nature de l'éternelle et divine charité. Oui, l'âme véritablement chrétienne, l'âme religieuse sait aimer d'un amour dont l'énergie se mesure sur son élévation! « Cet amour est fort comme la mort, et les grandes eaux des afflictions ne peuvent en éteindre » le foyer qui s'alimente sans cesse au cœur même de Jésus, ou plutôt, il est plus fort que la mort, puisqu'il nous suit au-delà du tombeau. La vie de la sœur bien-aimée que nous regrettons, nous a montré jusqu'où peut aller l'héroïsme de la charité surnaturelle; il est temps que nous fassions connaître les desseins de Dieu sur cette enfant placée au milieu de sa famille pour être le canal mystérieux des grâces les plus signalées; mais afin d'atteindre ce but, nous devions soulever un instant le voile jeté sur des existences intimement liées à celle de notre chère Louise. M. Jacques Mallac, son frère aîné, nous témoigna d'abord le désir qu'il ne fût fait aucune mention de lui dans cette notice; mais bientôt il comprit, sous l'influence de la lumière divine, que la reconnaissance et la vérité exigeaient le sacrifice de ses vives répugnances : « Si nous suivions notre goût naturel, dit-il, nous aimerions à garder nos pieux souvenirs dans le plus intime de nos cœurs, comme dans un reliquaire fermé;

car nous ne voulons pas qu'aucun intérêt de curiosité se mêle chez ceux qui liront cette notice, aux sentiments de piété et de componction qu'elle est destinée à faire naître. Toutefois, le zèle de la gloire de Dieu, dont ma sœur était dévorée, nous commande de nous oublier nous-mêmes en refoulant nos inclinations.

» Louise a véritablement rempli auprès de nous une mission providentielle ; nous devions tous nous jeter à sa suite. L'action qu'elle a exercée sur sa mère, sur Joséphine et sur moi, les difficultés qu'elle a rencontrées, ont donné lieu à des incidents très-divers qui révèleront clairement le plan de Dieu sur ma sœur chérie. Nous avons été cause de toutes ses tristesses, et comme c'est à mon âme qu'elle devait appliquer le reméde le plus radical, c'est moi qui ai reçu la charge de donner à ces tristesses toute leur amertume. Je dois donc montrer comment c'est moi principalement qui ai servi d'obstacle à l'accomplissement de la volonté du Seigneur sur ma famille, volonté aujourd'hui bien évidente aux yeux même les plus prévenus. Il n'y a aucun inconvénient à me broyer sous la gloire si pure et si éclatante de cette enfant de prédilection, et je supplie que, pour me ménager, on n'enlève pas à cette sœur bien-aimée les mérites de sa belle vie. Et que l'on ne croie pas que ce sont là de pieuses amplifications, faciles mirages d'une affection fraternelle, à genoux sur une tombe, et désireuse de trouver dans les souvenirs du passé quelque lueur factice pour percer les ténèbres du présent et entrevoir des horizons moins sombres. Ce que je dis est réel, et l'on peut croire à mes aveux. Certes, il m'est assez pénible de démontrer à une mère tendrement aimée, que j'ai fait souffrir cette fille dont elle disait : « Louise, c'est la rosée de » mon âme! » Ce qu'il m'en coûte sur ce point me fait attacher peu d'importance à l'humiliation qui en résultera pour moi, humiliation que je juge nécessaire à la gloire de Dieu et à celle de sa servante. »

A notre demande, M. Mallac a donc bien voulu nous transmettre quelques notes, auxquelles nous avons emprunté la plus grande partie de ce chapitre ; souvent nous les citons textuellement, sans toujours l'indiquer. Il nous pardonnera d'avoir aussi cherché, dans des lettres intimes et dans les souvenirs du cœur maternel, un correctif nécessaire à des lignes écrites sous l'inspiration d'une profonde humilité.

Les faits que nous allons rapporter, nous offriront l'exemple de l'apostolat qu'une religieuse peut remplir dans sa famille. Ils montreront dans quelles conditions difficiles cette tâche laborieuse doit s'accomplir, à quel prix Dieu met le triomphe, et quels miracles la grâce sait opérer dans ses luttes avec la liberté humaine. Apostolat de dévoûment et de persévérance que l'on ne saurait exercer avec succès avant d'avoir recueilli dans son cœur la dernière respiration de l'affection naturelle, et transfiguré ce sentiment de manière à ne plus aimer que de l'amour même de Jésus-Christ pour les âmes. Cette destruction, indispensable au travail de sanctification personnelle auquel Louise devait se livrer, ne lui était pas moins nécessaire pour acquérir cet amour tout spirituel qui fut bien plus énergique et plus persistant que son amour filial et fraternel. Combattre et mourir sont en effet les éléments indispensables à ce double dessein. Il y a donc une corrélation bien intime entre l'œuvre de sa propre perfection et l'œuvre du salut de ceux qui lui étaient chers. Elle les a sauvés comme elle a sanctifié son âme; l'accomplissement de la volonté divine par son intermédiaire a été un long et pénible combat, une mort à laquelle rien n'a manqué, ni les langueurs de l'agonie, ni les cris de la souffrance, ni la mise au tombeau. Ici, le doigt de Dieu se fait voir conduisant ensemble ces deux entreprises sans jamais les séparer ni les confondre, comme pour donner à cette héroïque enfant les deux moitiés d'une même et indivisible couronne.

« Sa mission a commencé dès son enfance, et s'exerçait par le seul fait de sa présence au milieu des siens; elle était l'ange protecteur qui attirait sur eux les regards et les prédilections du Ciel; elle ne faisait encore que refléter la douceur et la simplicité divines, comme une petite fleur fraîchement épanouie reflète le rayon matinal auquel elle s'ouvre pour la première fois, et déjà ses qualités aimables attiraient les cœurs et les élevaient à Dieu. Douceur et simplicité, vertus ravissantes, vestiges du paradis terrestre et de l'état de grâce originelle, signes de la charité, souvenirs ineffables de l'intérieur de Nazareth, avant-goût de la communion des Saints dans la patrie ! Louise les possédait à un degré éminent; elle avait aussi les élans du cœur; entre ces choses la contradiction n'est qu'apparente : quoi de plus simple et de plus passionnément énergique que l'amour maternel ! et dans l'humanité de Notre-Seigneur, quelle douceur sereine pour manifestation habituelle de l'amour infini ! »

Nous avons parlé de cette époque douloureuse où la mort, enlevant à Louise un père tendrement aimé, vint tout à coup briser l'existence de sa famille. Voici en quels termes son frère nous rapporte une circonstance bien particulière, dont le souvenir dut rester profondément gravé dans sa mémoire et lui faire comprendre, en partie, les desseins du Seigneur :

« J'étais alors âgé de treize à quatorze ans; je me trouvais au collége d'Oscott, où mon père, se sentant mourir, m'avait envoyé; il espérait que je recevrais des religieux qui le dirigeaient des principes durables de piété. Je n'avais pas assisté à sa mort, je n'avais pas reçu ses derniers conseils qui m'eussent été si nécessaires pour remplir dignement le rôle qui m'était échu de gouverner ma famille. Ma mère me fit revenir d'Angleterre dès que l'année scolaire fut écoulée. Notre entrevue produisit sur moi une impression que je me rappelle encore. Ma mère voyait arriver celui qui devait être désormais son soutien; elle cherchait en moi l'image de mon père; la tristesse de cette réunion, où les obscurités de l'avenir se mêlaient à des souvenirs si tristes et si récents, avait contenu chez les enfants toute expansion de joie en voyant revenir leur frère aîné. Quel retour après une si cruelle séparation ! Nous nous étions quittés pleins de confiance dans le soutien qui nous faisait encore plus sentir la tendresse de son cœur que la fermeté de son appui. Où était l'abri tutélaire à l'ombre duquel nous nous chérissions dans la sécurité et dans la paix? Qu'allions-nous devenir? Nous ne nous étions pas encore trouvés réunis depuis notre malheur ; comment aurions-nous retenu nos larmes, lorsque nous pouvions, pour la première fois, pleurer tous ensemble? Je ne sais pas quel effet cette scène de tristesse a produit chez ma sœur Louise ; il m'est permis de croire que Dieu, qui lui réservait un rôle décisif sur les destinées de sa famille, lui donna alors quelque pressentiment de ce qu'elle devait accomplir plus tard. Il aurait fallu, certes, que je fusse de pierre pour ne pas me promettre, ce jour-là, de tenir haut et ferme le drapeau que le Ciel laissait tomber dans mes mains ; mais pendant que je me croyais fort, et tout à fait à la hauteur de ma mission, je perdais successivement toutes les grâces que j'avais reçues à Oscott, pour devenir, au bout de bien peu d'années, un sujet permanent d'angoisses pour ma mère.

» Louise, au contraire, n'a pas cessé de marcher dans les voies de Dieu ; elle a toujours vécu parmi nous comme un ange de paix et de consolation; son action était efficace et féconde, mais ignorée de tous et surtout d'elle-même, et nous pouvons bien lui appliquer ces paroles du *Magnificat* : « *Respexit humilitatem ancillæ suæ.... et exaltavit humiles.* » Quelques années plus tard, nous étions à Paris où je faisais mes études professionnelles. Ma mère avait déjà trouvé dans sa fille, Louise « ma si chère enfant, » disait-elle, une sorte de miroir sans tache où elle aimait à contempler l'œuvre du Seigneur. Nul ne pourrait exprimer l'influence que cette sœur bien-aimée exerçait sur moi, comme en se jouant. Elle avait, à son insu, découvert le secret de répandre dans mon cœur le calme de son âme. Dans ce séjour que nous fîmes ensemble à Paris, le bonheur était complet pour moi, mais non pour ma mère ; je vivais heureux entre les douceurs de mon foyer et les entraînements de mes études, sans m'apercevoir que je la rendais très-malheureuse en me refusant à accomplir mes exercices de piété. Mon goût assez exclusif pour les grands écrivains du XVIIe siècle, la longue habitude prise par moi de faire à ma mère des lectures pieuses, ma joie de lui faire plaisir lui donnaient des espérances qu'un cœur maternel n'abandonne jamais, mais qui ne se réalisaient pas, et qui ne paraissaient pas le moins du monde sur le point de se réaliser. »

En effet, M. Mallac, toujours attaché à la religion par les convictions intimes que lui avait laissées une éducation solidement chrétienne, oublia bientôt, dans l'ardeur de la jeunesse et les préoccupations de ses études, toute pratique extérieure de piété, à l'exception de l'assistance à la messe du dimanche. Malgré cet éloignement, il avait conservé pour tout ce qui tient à la foi le plus profond respect, et surtout il continuait à rendre à la très-sainte Vierge un culte intérieur d'amour et de confiance toute filiale;

jamais il ne voulut se séparer de son chapelet, et, pendant son séjour à Paris, c'était à l'autel de Notre-Dame-des-Victoires qu'il tenait, chaque dimanche, à assister au saint sacrifice; son recueillement, pendant cette auguste cérémonie, témoignait assez qu'il y avait au fond de son cœur un sanctuaire que l'incrédulité ne profana jamais. Fils respectueux et tendre, il ne recherchait point d'autres jouissances que celles d'une vie de famille calme et uniforme; souvent il passait auprès de sa mère de longues heures, occupé à lui faire la lecture des écrits de sainte Thérèse ou de la vie de Mme de Chantal, sans se douter qu'il la verrait bientôt suivre l'exemple de cette héroïque sainte, qui, elle aussi, mère tendre et dévouée, sut répondre à l'appel du Seigneur par le sacrifice des sentiments les plus légitimes.

Les sollicitudes de Mme Mallac augmentaient chaque jour, Louise les partageait et cherchait dans la prière la force qui soutient et l'espoir qui console.

« A mesure que la grâce croissait en elle

par la fréquentation assidue de Notre-Seigneur dans ses divins Sacrements, continue M. Mallac, elle comprit bien que des abîmes se creusaient en moi, puisque je n'allais pas puiser à l'unique source de vie. Sans en pouvoir mesurer ni contempler les lamentables profondeurs, en présence des anxiétés maternelles, pénétrée d'une foi vive dans cette vérité catholique, que l'on peut, en se sanctifiant soi-même, souffrir et appliquer ses propres mérites à sauver d'autres âmes, elle résolut d'entrer en religion pour obtenir le retour de son frère. Sans doute, ce but n'était point la cause déterminante d'une vocation décidée depuis de longues années; en toute éventualité, Louise se fût consacrée au Seigneur dans la vie religieuse; évidemment Dieu l'avait faite pour la perfection. Elle se donna à Notre-Seigneur, simplement pour se donner à Lui, parce qu'elle savait qu'elle ne pourrait aimer que Lui comme elle se sentait la force d'aimer; mais il est absolument incontestable que j'ai contribué à l'affermir dans sa résolution, à coup sûr, bien malgré moi; en faisant cette offrande, elle pria Dieu de daigner l'accepter en sacrifice d'expiation pour les égarements de son frère, et de propitiation pour sa mère et ses sœurs. »

Ce désir marqua sa vocation d'un caractère spécial de générosité.

Dieu, maître absolu de ses créatures, voit infailliblement s'accomplir ses adorables volontés; cependant, il est en lui des volontés *conditionnelles* qu'il a bien voulu faire dépendre de la libre coopération de l'homme. Bien plus, il a mis entre les âmes une sorte de solidarité; c'est ainsi qu'à la persévérance de quelques-unes plus privilégiées, est attaché le salut ou la perfection d'un grand nombre d'autres. Sans vouloir pénétrer ses desseins éternels, nous pouvons croire, par les effets, que de la fidélité de Louise à l'appel du Seigneur, dépendait non-seulement le salut de son frère, mais encore la vocation religieuse de ce même frère, celle de sa mère et de sa plus jeune sœur.

« Le démon, qui n'a d'autre connaissance de l'avenir que la certitude de l'éternité de ses peines, peut néanmoins tirer les conséquences de nos actions et prévoir, mieux que nous, les résultats probables d'une pieuse détermination. Il proportionne ses efforts à l'importance de ces résultats; aussi de combien d'entraves n'entoura-t-il pas une vocation qui devait faire quitter le monde à trois personnes et les introduire dans des communautés religieuses, qu'il tient en grande haine? Maladies, perplexités, préventions, tristesses de cœur, tentations même, tribulations de tout genre, rien ne fut épargné, particulièrement pour détourner Louise du choix de l'ordre où le Seigneur l'avait appelée. » Nous avons rapporté une faible partie de ces difficultés exceptionnelles; les autres sont, et doivent rester le secret de Dieu. La constance d'une enfant de dix-huit ans triomphe de tout, et déjà se répandent sur sa famille les prémices d'abondantes bénédictions. Mme Mallac reçoit le bienfait de la vocation religieuse, et commence dès lors à entrevoir le moment bienheureux où il lui sera donné de la réaliser. Le R. P. Marquet lui avait dit, en parlant de la fête de sainte Thérèse où elle avait offert sa fille au divin Cœur : « Quoi qu'il arrive ou que vous fassiez, vous n'aurez point de jour plus douloureux; de plus beau, vous ne pouvez plus en avoir qu'*un* seul! » Il ajoutait :

« Et vous l'aurez! c'est ma ferme espérance. Dieu vous garde de croire que je ne vous donne cet espoir que pour tromper pieusement votre cœur. Non, c'est de toute mon âme que je crois au plein rejaillissement, de la fille à la mère, de cette admirable grâce de la vocation. Pauvre chère enfant, pouvait-elle mieux vous rendre tout ce que vous lui avez donné? N'est-ce pas recueillir en elle, et recueillir au centuple tout ce que vous avez semé.....

» Je crois désormais à toutes les bontés de Dieu pour votre âme, et rien ne m'étonnera dans ses desseins sur elle... Abandonnez-vous donc pleinement entre ses mains divines et paternelles, auxquelles vous avez remis votre enfant. Soyez vraiment généreuse; que pourriez-vous refuser après ce que vous venez de donner? Mais soyez aussi, et encore plus, toute pleine d'espérances. Ces espérances, quelles qu'elles soient, resteront toujours beaucoup au-dessous des réalités que Dieu vous prépare. »

Le 30 décembre 1852, il lui écrivait encore les lignes suivantes, à l'occasion de la prise d'habit de Louise; nous y retrouvons la même conviction de l'intermédiaire direct de la fille, dans les grâces accordées à la mère.

« Oui, du côté de votre chère novice de Conflans, votre bonheur est complet, et je ne sache pas avoir vu d'aussi heureuse mère que vous. Oh! assurément, j'ai bien regretté de n'être pas là, mais je n'en étais pas digne. Il a fallu me contenter de l'assistance de cœur, et je ne m'en suis pas fait faute. J'ai bien regardé, je vous assure, et bien tout vu, tout entendu, même ce que les personnes présentes de corps ne voyaient pas et n'entendaient pas!

» Quel bon *Suscipe* de saint Ignace vous avez dû réciter dans cette petite chapelle du sacrifice!... Comme vous avez dû bien dire ces mots : *Tout ce que j'ai, tout ce que je possède*... et avec quelle complaisance le cœur du divin Maître n'a-t-il pas reçu votre chère et douloureuse offrande!...

» Vous avez raison. C'est un *Te Deum* à perpétuité qu'il faut fonder dans votre cœur. Les grâces y pleuvent, depuis quelque temps surtout, avec une extraordinaire abondance. Si cela continue, un débordement est inévitable. »

Des obstacles, humainement insurmontables, se multiplièrent de toutes parts et s'opposèrent à la réalisation du dessein de Mme Mallac; mais elle était forte de sa confiance, forte des prières de sa chère Louise, et tant d'efforts, dont quelques-uns venaient de bien haut, allaient se briser contre les ferventes supplications de deux modestes servantes du Seigneur.

M. Mallac, déjà profondément affecté du départ de sa sœur, parut d'abord, à l'aspect de cette nouvelle séparation, livré à une sorte de désespoir : « Mais la vocation religieuse, répétait-il avec douleur, est donc dans ma famille comme un mal contagieux! » Bienheureuse contagion, dont il ne devait pas tarder à ressentir lui-même les atteintes toutes-puissantes! Enfin « Dieu qui tient les cœurs dans ses mains, Dieu dont la sagesse infinie atteint ses fins avec force et dispose des moyens avec suavité, » se servit du principal obstacle pour rompre tous les autres. Docile à la voix de sa conscience, même en ces jours d'oubli, M. Mallac, prenant l'initiative, céda à la religion tous les droits de sa tendresse filiale et donna à cet immense sacrifice un entier et généreux consentement: « J'ai pensé, dit-il, que je ne pouvais, en aucun cas, empêcher ma mère de réaliser la seule consolation qu'elle pût goûter ici-bas. » Mais l'amertume se fit pour longtemps sentir dans son âme; et il mesura, avec un profond découragement, l'étendue de la perte qu'il croyait avoir faite.

Il rappelle ainsi des souvenirs si déchirants pour son cœur:

« L'heure du sacrifice a donc sonné pour nous; ce fut le signal d'une vraie dispersion.

Les anges qui gardaient notre foyer contre les tristesses et les embarras de la vie, qui versaient chez nous la paix, la concorde et la plus douce harmonie, ces anges retournèrent au ciel, et leur départ nous livra, sans défense, à une amère solitude. Louise pensait bien sincèrement que le bonheur de sa famille était chose étrangère à sa personne; elle eût été fort étonnée si quelqu'un lui avait dit qu'elle l'avait emporté avec elle. Je n'avais été changé ni par sa présence, ni par la donation qu'elle faisait de sa vie à Jésus-Christ. Mes résistances devaient mettre ma conversion à un autre prix.

» Privé de ces joies paisibles, mais constantes, des attentions si spontanées et si bienfaisantes de ma sœur chérie, je conçus contre elle une véritable rancune. Au bout de bien peu de temps, notre foyer fut désert; ma mère suivit de près sa fille au Sacré-Cœur, appelée par le même Seigneur au pied de la même croix; ce fut sans doute pour ces deux âmes un bien beau jour que celui où elles participèrent toutes deux à la même communion religieuse. Entre elles les liens de la nature avaient une puissance peu ordinaire; Dieu leur réservait des grâces privilégiées; les mêmes faveurs spirituelles étaient sans doute la récompense d'une parfaite union de bonnes œuvres et de mérites. L'une de mes deux sœurs, nouvellement mariée, partit pour Bordeaux; l'autre entra au couvent du Sacré-Cœur, rue de Varenne, comme élève pensionnaire; pour moi, je m'en allais partout où je pouvais espérer de rencontrer quelque ombre de mon bonheur à jamais perdu.

» En entrant en religion, ma mère demandait les mêmes faveurs que Louise : sa propre perfection, ma conversion, et pour tous, la bénédiction du Ciel. C'était aussi tout à la fois une offrande, un sacrifice d'expiation, un sacrifice de propitiation, mais surtout un holocauste : une mère qui se sépare de ses enfants, de trois enfants qui la chérissent, pour suivre une vocation de Dieu dans un ordre religieux où elle se condamne à ne plus les secourir dans leurs maladies, à ne pas les assister à leur mort, à ne plus veiller sur leurs pas, à ne plus se tenir toute prête à voler auprès d'eux, lorsqu'elle est comme la nôtre, la plus tendre des mères, fait un sacrifice complet; au moment où il se consomme, la victime s'anéantit; le souverain domaine de Dieu reçoit le plus bel hommage que la terre puisse offrir, et lorsqu'on se représente les douleurs dont il doit être accompagné, on peut, dans une certaine mesure, imaginer quel en est le poids dans la balance de la miséricorde éternelle. Un pareil sacrifice doit attirer sur ceux auxquels les mérites en sont appliqués, des grâces bien puissantes.

» J'avais déjà reçu les bénéfices de la vocation de Louise; qui ne croirait que je ne fusse alors prosterné sous la main de Dieu qui me bénissait, et que, docile à l'inspiration de sa grâce, pénétré d'admiration à la vue des dévoûments dont j'étais l'objet, je n'eusse, moi aussi, mis la main à l'œuvre et courageusement entrepris le salut de mon âme? Il n'en était rien. J'avais étonné la générosité de Louise en la délaissant; envers ma mère, je ne fus pas moins coupable.

« Au moment de notre dispersion, j'ai senti bien distinctement, d'un sentiment continu et intime, que je n'avais plus à chercher le bonheur parmi les hommes, et que mes efforts aboutiraient tout au plus, dans l'ordre des choses humaines, à me faire rencontrer la distraction. A l'âge où j'étais alors, il arrive souvent que l'on s'imagine que tout est perdu sans espoir, et, de ces abaissements, on se relève animé d'une confiance encore plus précipitée que le désespoir où l'on a cru tomber. J'en conviens. Mais il arrive aussi dans la vie que l'on se sente touché en un point si intime de son cœur, et d'une façon telle, que l'on est absolement certain d'avoir reçu une impression définitive, dont la trace ne pourra jamais, même s'affaiblir. On peut courir les aventures les plus diverses, les hasards les plus étranges, se jeter en désespéré à la poursuite des chimères les plus séduisantes, on ne produit jamais en soi que des étourdissements plus ou moins longs, après lesquels la trace intime se montre découverte et vivante comme à l'instant même où l'on a reçu l'impression. C'est à peu près ce qui se passa en moi lorsque ma sœur d'abord, puis ma mère, quittèrent notre foyer commun pour entrer au Sacré-Cœur.

» Livré à une solitude complète et à ma rancune contre Louise, j'ai vu bientôt la rancune disparaître, car c'est un trop petit sentiment pour qu'il puisse durer, et j'ai reconnu avec amertume que j'avais fait un sacrifice bien cruel ; ma vie me paraissait frappée de stérilité, puisque ma mère et ma sœur bien-aimée ne voulaient pas de mes soins, et dédaignaient le bonheur que nous goûtions ensemble et que j'avais l'ambition de voir persévérer toujours. Nous souffrions tous beaucoup à cette époque ; mes entrevues à Conflans étaient rares et plus pénibles que je ne saurais le dire ; je tremblais, en dépassant le seuil du couvent, de perdre le gouvernement de moi-même, et plusieurs fois il m'est arrivé de pleurer comme un enfant pendant la plus grande partie de ma visite ! »

Ces tristes scènes affectaient vivement

notre chère Louise; son cœur lui disait combien les paroles humaines sont impuissantes à consoler de telles afflictions; elle se taisait alors, et, retirée dans un coin du parloir, elle offrait à Dieu ses prières et sa propre douleur, afin qu'un peu de calme ou de résignation descendît dans l'âme de son frère.

Dans l'espoir de distraire son fils de ce mortel chagrin, Mme Mallac lui insinua la détermination d'entrer dans la compagnie des chemins de fer de l'Ouest. Elle lui demanda de s'appliquer de toutes ses forces aux travaux de sa profession, assurant qu'elle trouverait dans ses succès une sécurité complète, seul bien qu'elle réclamât de son affection : elle n'osait alors lui exprimer d'autres espérances. Jaloux de satisfaire sa mère; mais en même temps pressé de remplir le vide qui s'était fait en lui, M. Mallac espéra que des excès de travail le délivreraient de la tristesse qui le dominait; il se livra donc à ses fonctions nouvelles avec une énergie qui, selon sa propre expression, « avait quelque chose de frénétique. » Mais du fond de la solitude, deux anges de prière intercédaient pour lui et veillaient sur ses destinées. Louise et sa mère savaient bien que dans le tumulte de sa vie, il ne parvenait pas à aimer autre chose que son bonheur perdu sans retour, et, le voyant exposé à des dangers que leur affection s'exagérait, sans doute, elles ne se lassaient pas d'adresser leurs vœux ardents au Dieu qui pouvait seul appliquer un baume salutaire sur une blessure si profonde et si douloureuse.

A cette époque, commence dans toute sa réalité l'apostolat de Louise à l'égard de son frère; apostolat véritable, tel que Dieu le réserve aux cœurs dont il connaît la force et la longanimité; apostolat complet, image de celui de Notre-Seigneur, vivifié par la croix, consommé par la mort et continué dans le ciel. « Ce rapprochement ne saurait paraître exagéré, remarque ici M. Mallac : toute âme chrétienne n'est-elle pas appelée à reproduire le divin idéal, et Jésus-Christ n'accorde-t-il pas à ses privilégiées d'office, les reproductions les plus fidèles de son humanité sacrée? Apôtre infatigable, Louise se consumait pour moi dans les sollicitudes du bon Pasteur; elle allait au devant de l'enfant prodigue et concevait pour l'âme d'un frère égaré des tendresses et des angoisses toutes maternelles.

» A mesure qu'elle avançait dans la perfection, l'influence de ses prières et de celles de ma mère était plus puissante, et les effets en venaient jusqu'à moi. Ces effets, c'étaient des réveils en sursaut au milieu d'un profond sommeil, et des nuits passées dans des larmes amères, au souvenir de cette mère et de cette sœur tant aimées qui m'avaient abandonné, à la pensée des inquiétudes mortelles que je leur causais. Le lendemain matin, j'écrivais une lettre où mon cœur, touché de componction, s'épanchait en termes de tendresse et de repentir. La lettre partie, je reprenais mes entraînements, emporté par mes affaires, par des occupations qui ne me laissaient pas de loisir, et même m'enlevaient le repos nécessaire. Qui pourrait compter combien de supplications furent adressées à Dieu pour m'obtenir la conversion et la paix du cœur?

Qui dira jamais ce que souffre une mère religieuse en songeant à son fils éloigné de Dieu? Et, à voir Louise s'appliquer avec une industrie si délicate à distraire les plus indifférents de leurs menus chagrins, qui ne se sentirait ému de pitié en se la représentant impuissante à consoler sa mère affligée? et celui-là même qui causait tous ses tourments, continuait à être l'objet de ses sollicitudes privilégiées et de ses plus ardentes prières!

» D'autres fois, la fiévreuse agitation où je me trouvais, m'empêchait d'écrire à ma mère. Mes silences, souvent assez prolongés, l'affligeaient vivement, et bien des lettres que j'ai conservées, témoignent encore des douleurs qu'éprouvait alors son cœur maternel. Ma sœur ne pouvait rester étrangère à ces inquiétudes, qui étaient de véritables anxiétés. » Mais loin de se décourager, elle trouvait dans la croix un nouvel aliment à son zèle, dans la stérilité apparente de ses efforts, un nouvel appui à sa confiance.

Pendant le mois d'octobre 1858, M. Mallac resta plus longtemps que de coutume sans écrire à sa mère. Elle souffrait en silence ; mais Louise, qui lisait dans son âme avant même qu'elle parlât, avait deviné sa peine et la partageait.

Un samedi, 23 octobre, Mme Mallac, oppressée tout à coup par une angoisse étrange, se rendit à la chapelle de la sainte Vierge, où sa fille, sous le poids aussi d'une tristesse exceptionnelle, se trouvait alors pour divers arrangements de sacristie. Mme Mallac la fait sortir et lui confie le trouble extrême dont elle ne peut se rendre compte. « J'éprouve la même impression, répond Louise, je n'osais vous en parler de peur de vous affliger ; mais je crains que mon frère ne soit en ce moment exposé à un grand danger, il faut prier. » Elles passèrent quelques instants aux pieds de Celle que l'Eglise nomme à si juste titre « la Consolatrice des affligés, » et, après une prière fervente, elles se retirèrent soulagées, mais non pleinement rassurées. Sous le coup de ce triste pressentiment, elles reçurent peu de jours après, la lettre suivante :

» Evreux, 27 octobre 1858.

» Je vous ai promis de vous prévenir lorsqu'il m'arriverait quelque accident, il faut aujourd'hui que je tienne ma promesse. Samedi dernier, j'étais monté sur le dernier wagon d'un train et je dirigeais les travaux d'ouverture d'une carrière de sable. Quelqu'un m'ayant dit que le wagon pouvait être un peu large pour entrer dans la carrière, je me suis baissé afin de m'assurer de ce fait et de mesurer le wagon. Le train s'est alors arrêté brusquement comme j'étais penché en avant, et je suis tombé. Une roue m'a passé sur le genou. Je n'ai pas éprouvé de douleur au moment même ; mais il ne m'a pas été possible de me relever. L'accident est arrivé en face d'une maison de garde ; j'avais avec moi beaucoup de mes employés, et tous ont rivalisé de zèle et de dévoûment. On a commencé par me mettre sur le lit des gardes, et l'on a constaté que je n'avais rien de cassé, ni même de déchiré. Cependant je souffrais beaucoup, j'ai été placé dans un grand wagon fermé; et une machine m'a transporté à Evreux. Cet accident a eu les mêmes suites qu'une entorse commune; je serai forcé de garder le lit huit jours encore, mais c'est afin d'en finir plus vite et d'être plus tôt en état d'aller à Conflans. Maintenant, quoique couché, je ne souffre pas le moins du monde; j'ai une sœur de charité près de mon lit; de temps en temps elle me panse et me frictionne, puis elle lit son bréviaire, et je reprends saint Jérôme.

» Si je pouvais, chère maman, au prix d'une souffrance égale à celle que je viens d'éprouver, être certain de faire passer dans ton esprit un peu de la tranquillité qui est dans le mien et dans celui de tous ceux qui m'approchent et me portent intérêt, je n'hésiterais pas à demander au Ciel de me l'envoyer. Je crains bien que tu ne t'exagères mes souffrances; mais je n'ai pas hésité à tenir la parole que je t'ai donnée de t'écrire tout ce qui pourrait m'arriver. Je souhaite bien ardemment que tu sois persuadée que je ne dis rien pour atténuer la gravité de mon accident.

» J'ai toujours pensé que, par ton intervention, la Providence m'entourait de sa protection, de la manière la plus visible. Ce qui vient de m'arriver en est la preuve bien frappante. Il est difficile d'expliquer comment j'ai pu courir un si grand danger et n'en recevoir qu'une entorse commune. Raffermis donc ton cœur et commence par demander à Dieu de le remplir d'une reconnaissance égale à sa miséricorde. Il m'a fait sentir le peu de valeur de ces biens que je poursuis, et pour lesquels aucun sacrifice ne me paraît trop pénible. Remercie-le, de ce que, méchant et imparfait comme je suis, j'ai excité, dans cette circonstance, une sympathie dont les marques me sont prodiguées de toutes parts, même de personnes que je n'ai jamais vues. Adieu, écris-moi pour me dire que tu es tranquille et rassurée. J'aime et je bénis mes souffrances; mon seul ennui, c'est qu'elles t'affligent. »

Bientôt une lettre de sa mère vint confirmer une persuasion si consolante pour son cœur, et augmenter sa vénération pour ses protectrices de Conflans.

« Oui, lui écrivait-elle, mille et mille fois je remercie le Seigneur et sa divine Mère que ta sœur et moi invoquions pour toi, presque sans cesse, ces jours passés, sans savoir pourquoi, et dimanche matin, courbée sous le poids d'une inquiétude mortelle, je lisais ces paroles que je prenais comme une invitation d'en haut : « Il est honorable de révéler et de confesser les œuvres de Dieu. La prière est bonne avec le jeûne, et il vaut mieux faire l'aumône que d'amasser des trésors, parce que c'est l'aumône qui délivre de la mort, qui efface les iniquités et qui fait trouver la miséricorde et la vie éternelle.... Quand tu priais avec larmes et que tu ensevelissais les morts.... je présentais ta prière au Seigneur; et maintenant il m'a envoyé pour prendre soin de toi, et pour délivrer Sara, car je suis l'ange, etc. » Béni soit donc le Dieu de toute bonté qui t'a couvert d'une protection si spéciale. Oui, sûrement j'affermirai mon cœur dans la foi, dans l'espérance et la divine charité, et je redirai : « Que rendrai-je au Seigneur pour tous les biens dont il m'a comblée! Je renouvellerai les vœux que j'ai faits, à la vue de son peuple, à la porte de sa sainte maison, au milieu de Jérusalem. » Que Dieu te bénisse et me conserve une vie et des jours bien plus chers que les miens propres ! »

« Pour comprendre cette lettre, nous dit ici M. Mallac, et pour apprécier la valeur de ce pressentiment d'espoir, éprouvé par ces deux persécutées à la lecture des paroles de Tobie, il faut savoir que ma mère a toujours recherché l'occasion d'assister les mourants et de leur donner les derniers soins ; que, dans ses visites, comme dame de l'association des pauvres malades, elle se faisait accompagner de Louise qui réclamait et obtenait seule cette faveur. »

Un accident aussi grave, et qui naturellement aurait dû amener une mort instantanée, n'eut aucune suite sérieuse; quelques semaines après, il écrivait encore à sa mère :

« Je n'ai guère de temps, mais je veux te répéter un mot qu'on vient de me dire et qui te fera plaisir : Un de mes anciens employés est venu me voir : « Je n'avais pas osé vous déranger plus tôt, me dit-il, mais je suis si content de vous voir si vite et si bien rétabli, que j'ai voulu vous l'exprimer moi-même. Vous avez couru, monsieur, un bien grand danger, et pour que vous en ayez été quitte pour une si courte maladie, il faut que, ce jour-là, on ait fait pour vous une bonne prière. Vous pouvez être certain qu'au moment où vous êtes tombé, quelqu'un a prié Dieu pour vous, et qu'il a bien prié, parce qu'il n'est pas possible de comprendre comment vous êtes maintenant sur vos deux jambes. » Le brave homme ne se doutait pas du bien que me faisaient ses paroles, et combien il m'était doux de voir confirmer ainsi la conviction qui m'est si chère, de ta bienheureuse influence et de celle de ma sœur sur ma destinée. »

M. Mallac, retiré des bras mêmes de la mort par les prières de sa mère et de sa sœur, tout en reconnaissant l'intervention sensible de la divine Providence à son égard, ne fut cependant pas ébranlé d'une manière efficace pour son salut. En effet, Dieu peut bien, en considération de ses serviteurs fidèles, suspendre le cours régulier des lois physiques; il ne s'agit pour cela que d'un seul acte de sa toute-puissante bonté; mais la conversion d'une âme dépend de la liberté humaine qu'Il respecte tout entière. Toutefois, Il sait, par des touches particulières, parler à un cœur égaré, le presser, le poursuivre, et, sans le forcer jamais, triompher de ses résistances. Desseins impénétrables de sagesse et de miséricorde! C'est encore à la prière du juste qu'Il daigne, ordinairement, accorder ces grâces prévenantes et signalées : M. Mallac devait en faire une heureuse expérience. Ce Dieu d'infinie bonté qui, pour mieux nous gagner, semble attendre le moment favorable et condescendre à nos dispositions, se servit de sa tendresse filiale pour lui inspirer une détermination décisive et salutaire. « Je fis un retour sur moi-même, j'eus le sentiment des transes où mon accident devait plonger ma mère à l'avenir, et ce sentiment, que je considère comme un mouvement de la grâce, se traduisit en moi par une horreur insurmontable pour les fonctions auxquelles j'avais sacrifié tous les instants de mon existence. Les choses qui me plaisaient le plus, m'étaient devenues insupportables, et je ne voyais plus que la vanité et le néant d'une autorité absolue dont l'exercice m'avait causé jusque-là une sorte d'enivrement. Je pris alors la résolution de quitter le service, ce que je fis au mois de mars suivant, et ma démission fut mon salut. »

Ainsi, la grâce l'avait aidé à briser lui-même ses liens, malheureusement il ne tarda pas à s'en créer d'autres. La fortune qu'il fuyait semblait le poursuivre ; ébloui par des offres séduisantes, il se lança dans un tourbillon d'affaires dont la nouveauté le fascina un instant.

« Je m'y livrai, dit-il, avec un renouvellement de frénésie; je partis pour l'Espagne et pour la Suisse : c'était m'arracher encore à l'influence qui devait obtenir ma conversion, c'était déranger l'ordre de la Providence à l'endroit de mon salut, c'était une résistance de plus, et je retombai dans les mêmes tortures; je courais en désespéré à la poursuite de mille fantômes que je saisissais, dont j'étais saisi, et, de ces luttes, je sortais toujours plus rebelle à Dieu; il fallait, de la part de mes protectrices, des supplications toujours plus héroïques pour que la grâce pût agir sur moi; je continuais à en subir les effets par des soubresauts violents.

» Des faveurs signalées ne se donnent qu'à de ferventes prières; il paraît qu'il fallait encore prier, car en 1859, tous les efforts accomplis paraissent réduits à néant. »

En effet, la confiance de Louise et de sa mère, qui n'avait point été ébranlée par tant d'obstacles, fut mise, à cette époque, à une plus rude épreuve. Joséphine, appelée depuis longtemps à la vie religieuse, fit connaître à son frère qu'elle se disposait à entrer prochainement au noviciat; à cette nouvelle, il accourt à Conflans et obtient de sa mère que Joséphine fera, comme épreuve, un séjour dans le monde. Une véritable conspiration, dont il était le principal instrument, s'ourdit alors contre une vocation à laquelle sa tendresse l'empêchait de croire. Il use tour à tour pour la combattre, et de son influence sur l'esprit et le cœur de cette enfant, et des séductions du monde, dont il s'efforce de faire briller à ses yeux les lueurs trompeuses et mensongères. Joséphine, confiante dans sa pieuse résolution, se croyait à l'abri de toute atteinte, mais en réalité, elle courait les plus grands dangers, dangers tels qu'il semble que Mme Mallac et Louise en aient été averties par des voies toutes surnaturelles. Elles redoublaient leurs incessantes prières; mais ce n'était point assez, il fallait un holocauste, il fallait une victime. Un jour, après avoir longtemps prié devant le saint Sacrement, Mme Mallac dit à sa fille: « Je viens de demander à Notre-Seigneur de m'imposer un grand sacrifice pour le salut de ces deux âmes; je ne sais pas quel sera ce sacrifice, mais je sens que j'ai été exaucée, et j'ai tout accepté de bon cœur, quelque souffrance qui doive en résulter. » Aussitôt Louise, éclairée d'une vive lumière intérieure, comprend qu'il faut offrir sa vie; elle croit entendre la voix divine lui révéler que ce sacrifice peut seul garantir la vocation de sa sœur et épargner à son frère les redoutables conséquences de sa conduite; forte de sa conviction, elle n'hésite pas un seul instant et consent dans la plénitude de sa volonté; elle reçoit en même temps l'assurance intime que son offrande est agréée, et se livre entre les mains de Dieu, prête à consommer cet acte de dévoûment sublime. Dès lors, le pressentiment de sa mort prochaine lui fut toujours présent; il anima ses prières et ses actes d'une énergie nouvelle, et c'est sous le point de vue de cette immolation, qu'il convient désormais de les examiner, pour en apprécier le sens et la grandeur. Un tel sacrifice est, au jugement même de Notre-Seigneur, l'héroïsme de la charité : « Il n'y a point de plus grande preuve d'amour, dit-il, que de donner sa vie pour ses amis. » Louise a certainement accompli ces paroles dans toute leur réalité; à l'exemple du Dieu Sauveur, « elle avait aimé les siens et elle les aima jusqu'à la fin, » continuant à chérir de la même tendresse son frère et sa sœur qui mettaient leur bonheur éternel à ces cruelles conditions; « elle les aima jusqu'à la fin, » c'est-à-dire encore, jusqu'aux dernières limites où la charité peut atteindre. Elle a voulu le triomphe de Notre-Seigneur dans leurs âmes, et elle est morte pour assurer ce triomphe. Certes, il a dû en coûter à son cœur, si plein de tendresse filiale, qu'elle avouait à sa mère qu'elle demandait à Dieu de lui survivre, afin d'épargner à cette mère vénérée la douleur de voir mourir son enfant; à son zèle surtout, qui la brûlait du désir de travailler à l'œuvre du Seigneur! Dans l'ardeur de sa vocation, dans son amour pour Dieu, elle espérait se dévouer longtemps encore; elle croyait n'avoir jusque-là fait aucun bien. Elle avait dit: « Ma vie est une page blanche, » elle ambitionnait de remplir cette page, et pourtant elle a accepté généreusement de n'y rien écrire, et de se présenter sans mérite aux yeux de son Maître, renonçant pour son Epoux divin à se parer elle-même au jour de l'alliance éternelle.

Qu'était la douleur naturelle de mourir, comparée à cette abnégation dans un cœur aussi rempli de l'amour de Notre-Seigneur? Louise consentait à le moins aimer, pour qu'Il le fût davantage par deux âmes que son humilité lui montrait devoir mieux qu'elle procurer la gloire de Dieu, sacrifiant ainsi un bien mille fois plus précieux pour elle que la vie. Cet acte héroïque ne fut d'abord connu que de Dieu seul; dans l'attente assurée de la consommation prochaine de son sacrifice, sans doute elle répéta souvent avec notre divin Sauveur annonçant à ses disciples que bientôt il serait baptisé d'un baptême de sang : « Oh! combien mon cœur se sent pressé jusqu'à ce qu'il s'accomplisse! » Pourtant, rien, dans les lettres qu'elle écrivait alors à sa jeune sœur, ne trahit son secret; on y voyait seulement avec quelle sincérité elle s'anéantissait au pied de la croix ; quant aux actes faits sous cette impression poignante, marqués au cachet d'une constante simplicité, ils nous ont appris comment les saints peuvent se consumer d'amour sans laisser manifester au dehors d'autres signes que ceux de la mansuétude et de la sérénité.

Désormais, les bénédictions célestes allaient s'épancher, plus abondantes encore, sur les deux âmes, objet d'un si parfait dévoûment. Fidèle aux mouvements de la grâce qu'il a provoqués, Joséphine peut enfin rompre ses liens, revenir à Conflans et commencer son postulat. Mais à l'égard de M. Mallac, la lutte n'était pas terminée ; elle continuait, amenant des alternatives que Louise suivait avec anxiété. De temps en temps, ses douces paroles venaient répandre un baume consolateur dans l'âme de son frère. Le 26 juillet 1860, pendant sa probation, elle lui écrivait ces lignes où nous retrouvons l'expression, toujours si simple et si religieuse, de sa tendre amitié :

« C'était hier ta fête; dans mon cœur et

devant Notre-Seigneur, je te l'ai souhaitée avec toute l'affection que j'ai pour toi; j'ai communié à ton intention, et, à défaut du bouquet que j'aurais aimé à t'offrir, j'ai prié Dieu d'accepter toutes les actions de ma journée, de les changer en grâces et de les répandre sur toi. Du reste, je n'ai pas besoin qu'un anniversaire vienne me rappeler que, tout près de moi, dans cette ville de Paris, il y a quelqu'un que j'aime plus que je ne peux dire; ma vie de solitude, de prière, de méditation ne m'interdit pas de penser à toi; au contraire, comme ton souvenir me revient toujours dans la prière, j'en conclus que Dieu seul veut que je pense à toi devant Lui. »

D'autres fois, c'étaient d'aimables et pressantes invitations à venir chercher auprès de sa mère et de ses sœurs, la consolation qui lui était si nécessaire :

« Il n'est pas dans l'esprit de l'Eglise de faire pénitence après, ou même pendant les fêtes de Noël. Pourquoi donc nous priver du plaisir de te voir?... nous n'y sommes résignées ni les unes ni les autres... nous avons si bien observé l'Avent, qu'il faut maintenant profiter de la permission qui nous est de nouveau donnée de recevoir tes chères visites... Tu en as besoin, et nous aussi, ne pouvons nous passer de toi... C'est peut-être notre salon si noir qui t'a effrayé, mais actuellement nous en avons un éclairé par six fenêtres... Ainsi, cher frère, que cette lettre te fasse quitter tes livres, ton fauteuil, ton feu, et prendre la route de Conflans; tu y trouveras les trois personnes qui t'aiment le plus sur la terre... A bientôt donc, cher ami, nous t'attendons. »

Son amertume semblait parfois s'adoucir, la vocation de sa mère et de sa sœur n'était plus pour lui qu'un objet de pieux regrets; il y trouvait même un puissant secours dans les rudes combats, sans cesse renouvelés par la grâce prévenante contre une volonté encore rebelle.

« Ma pensée s'éloigne rarement de vous, » écrivait-il, le 19 septembre 1860, à Mme

Mallac et à Louise, qui se disposaient à la profession par les exercices de la grande retraite. « Vous me pénétrez d'admiration, et lorsque, récemment j'écoutais quelqu'un qui me parlait de vous, les larmes sont montées à mes yeux, si nombreuses, si abondantes, que j'aurais voulu être seul pour les laisser couler longtemps en présence de Dieu. Il eût peut-être accueilli ma prière, qu'une fois de plus, je vous aurais dû de lui adresser. Je grille ici de penser que vous êtes dans l'oraison pendant que je me repose dans les douceurs d'une vie toute naturelle... C'est un mois à rayer de mon existence, je pleurerai cela plus tard... J'envie votre bonheur, non point pour vous le prendre, mais pour le goûter avec vous. L'amour de Dieu n'est pas de ces biens que l'on ne partage qu'en les diminuant. Source éternellement féconde, elle coule d'autant plus abondante que nous y puisons davantage. Je vous bénis d'avoir choisi cette glorieuse part de la vie. Le bonheur que je vous aurais offert, qu'est-il auprès de celui que vous tenez ? Que pouvait mon affection, ma tendresse, avec mes chutes, mes stérilités si diverses, mes espérances présomptueuses? Vous avez bien fait de mépriser mon offrande pour vous amasser votre trésor céleste. Du moins, si je sombre, ma mémoire sera frappée de néant chez vous, je vous aurai servi de marchepied pour vous élancer au ciel, j'aurai chauffé le fer qui aura rougi votre cœur; mais vos âmes bienheureuses, emportées bien avant dans le ciel, chanteront le cantique de la gloire dans les milices des mystiques, sous la bannière de Saint-Jean et de Sainte-Thérèse!

» Hélas! ce temps est-il prochain? Que ne puis-je me ravir avec vous dans son attente!... Mais le Dieu qui vous aime, lève son bras pour me châtier... Plus tard, j'y compte, je me payerai à moi-même ces faiblesses, ces délais, ces étourdissements.

» Je vous embrasse encore, honteux, confus, d'être si peu digne de vous. »

La grâce parla plus fortement encore le jour de la profession de sa mère et de sa sœur, mais ce fut le signal de nouveaux combats : « J'assiste, dit-il, à cette cérémonie, après laquelle ma mère me donne sa bénédiction ; l'effet en est peu durable. Les prières continuent à Conflans. Nullement amélioré, je ne pratique pas encore, je n'y songe même pas. Ma séparation d'avec ma famille me semble à jamais consommée. Mon pauvre cœur s'imagine qu'il est enfin délivré de ces religieuses qui l'ont déjà tant fait souffrir. C'était au commencement de l'hiver, mes travaux étaient suspendus. Je brisai peu à peu avec mes affaires, et je ne tardai pas à me retrouver face à face avec mes souvenirs et cette conviction que j'avais eu dans ce monde toute la part de bonheur qui m'avait été réservée. Je résolus alors de mettre mon chagrin à une autre épreuve et de tenter un remède jusque-là inconnu pour moi. Les travaux excessifs n'avaient pu me donner de distractions efficaces, je voulus essayer du plaisir. Je me précipitai tête baissée dans mes nouvelles voies. Que se passait-il à Conflans ? Je l'ignore ; mais ce que je ne saurais oublier, c'est que j'assistais en moi-même au spectacle d'une vraie lutte. J'allais en avant, puis je recevais quelque coup de la grâce, je m'arrêtais tout court; c'était le résultat de quelque mortification surajoutée à celles de tous les jours, de quelque gémissement, sortant des cœurs embrasés de ma mère et de Louise après une station prolongée, plus que de raison, au pied du Saint-Sacrement. Je m'enfermais pendant un jour ou deux; parfois pour m'enfoncer dans la lecture de quelque apologiste de la religion, notamment et presque toujours le P. de Ravignan, et quand, à la fin de ses conférences, il engage généralement à faire une humble prière, je me disais alors : « Mon Dieu, quand donc saurai-je prier? » Le livre fermé, j'allais faire une visite à Conflans, et la même voiture me ramenait à mes relations dissipantes. »

Depuis longtemps les écrits des Pères de l'Eglise, parmi lesquels saint Augustin et saint Jérôme tenaient le premier rang, la Somme de saint Thomas et la Vie des Saints étaient devenus ses lectures favorites. C'est encore une grâce qu'il reconnaît devoir à l'influence de sa mère et de sa sœur ; il n'ouvrit d'abord ces pages que par condescendance pour elles ; mais bientôt son âme se nourrit avec délices des hautes pensées de la foi, et il aimait à rendre compte de ses lectures dans des lettres que n'eût point désavouées l'humilité du plus fervent religieux :

« Je viens d'acheter le dernier volume du P. de Ravignan, » écrivait-il le 7 décembre 1860; « c'est le commencement d'un ouvrage qui devait avoir pour titre : *Vie chrétienne d'une dame dans le monde.* La mort est venue l'interrompre.

» Peut-être t'étonneras-tu que je lise un livre écrit pour des femmes. Tu es accoutumée à me voir me livrer à de plus mâles lectures; mais ton fils n'est point ce que tu crois. Il en est venu à ce degré d'abaissement où les plus grands défauts et les plus grandes faiblesses des femmes mondaines se reconnaissent sans peine dans ses dispositions et dans ses actes; il n'a même aucune peine à confesser que beaucoup des conseils donnés par le saint Jésuite à de simples femmes sont au-dessus de sa portée. Il lirait des livres écrits pour des enfants si son âme pouvait se rajeunir....

» Bien loin de rougir d'avoir ouvert ce livre, je m'empresse de t'annoncer que dès les premières pages, j'y trouve un paragraphe qui me remplit de joie. Ce petit manuel devient une partie de moi-même; il prend sa place parmi toutes ces reliques que je garde de vos chères personnes, parce que j'y trouve un portrait plus fidèle que toutes les photographies du monde. »

Après avoir transcrit la première définition des natures exceptionnelles, il ajoute humblement :

« Hélas! j'aurais pu continuer à copier; vous auriez encore reconnu, vous devineriez aux premiers mots qui suivent :

« Il faut tristement passer à l'extrême
» opposé. »

» J'ai relu trois fois l'extrême opposé. Ah! si mon photographe l'avait aussi connu!

je ne lui aurais pas rendu ses épreuves. Ce n'est point là de la fausse modestie, et vraiment je serais fort à plaindre si, quelques pages plus bas, je ne lisais :

« Courage! confiance! Dieu est proche » de vous; car c'est de lui que vient le » dégoût du mal, et le besoin de se con- » vertir. »

On pouvait dès lors suivre dans cette âme le travail sensible de la grâce; chaque visite, chaque lettre constatait un progrès. Des rayons d'espoir, toujours plus vifs et plus multipliés, brillaient aux yeux de sa mère et de sa sœur. Cependant la réponse de M. Mallac à leurs sollicitations n'avait point varié depuis bien des années : « Soyez tranquilles, disait-il, j'y penserai sérieusement; mais je veux prendre mon temps, parce que si je me convertis, ce ne sera pas à-demi. » Ces paroles étaient sincères : intimement pénétré des sentiments d'une foi vive, il ne pouvait comprendre, dans la droiture de son âme, qu'on ne se donnât pas à Dieu entièrement quand une fois on s'était engagé à son service. Le 5 janvier 1861, pressé sans doute plus que de coutume, il écrivait à sa mère en lui envoyant quelques extraits de la vie de sainte Chantal :

« Il m'est rarement tombé sous la main un livre plus charmant à lire que ces mémoires de la Mère de Changy.... Le plaisir extrême que j'y trouve, est une récompense que Dieu me donne, car ce n'est qu'en souvenir de ton affection pour sainte Chantal, que je me suis décidé à m'instruire de tout ce qui la concerne. Mais si Dieu daigne remplir mon cœur de joie toutes les fois que j'accomplis quelqu'un de tes préceptes, n'est-il pas de sa justice de te donner quelque consolation en échange de toutes les bonnes pensées qui me viennent par toi, et par toi seulement.... Plus j'avance dans la vie, plus je me persuade de la fragilité de mon âme et de mon corps. Je songe avec un effroi qui va jusqu'au tremblement, à toutes les occasions où mon corps a été sur le point d'être réduit en pièces, où mon âme a couru tant de dangers. A qui dois-je ma vie physique? A qui dois-je tant de grâces de préservation?.... Certainement ce n'est pas en moi-même que se trouvait la vertu nécessaire pour discerner le péril et résister à mon penchant naturel. J'ai toujours senti qu'au moment de tomber, j'étais saisi comme par la main, et qu'ayant pris ma course pour me précipiter dans l'abîme, une force étrangère m'arrêtait court, me faisait suivre le bord du précipice, le contourner lentement, et me replaçait en présence du droit chemin. Là, je demeure jusqu'à ce que ma liberté reprenant le dessus, je me retourne pour courir les mêmes dangers. Cette vertu, cette force, cette main étrangère, n'est-ce pas ma mère bien-aimée?

» . . . . Destiné dans ce monde à te servir d'échelle pour monter au ciel, je crains bien de ne pas entrer où je te ferai monter. Je souhaite que les deux montants de l'échelle dépassent un peu le seuil de la porte, pour qu'une fois entrée, tu puisses les saisir et la tirer après tout entière, en appelant à ton secours tous ces grands saints dont tu m'as inspiré la vénération, à savoir : saint Thomas d'Aquin, saint Augustin, saint Jérôme, sainte Thérèse et sainte Chantal. Je vois bien qu'au point où nous en sommes, ils ne t'écouteraient pas et diraient : Y pensez-vous ma sœur? croyez-vous que de pareils ustensiles trouvent place devant le trône de Dieu? Il faudrait la laisser retomber et prendre ta place parmi les veuves que les Ecritures appellent bienheureuses. Mais cette séparation qui me poursuit, m'est insupportable. En dehors de toi, ma mère bien-aimée, dans la foule de mes amis, dans les inconséquences de ma propre et misérable nature, je n'ai trouvé que déceptions, faiblesse et orgueil. Chez toi, j'ai vu les vertus contraires ; je peux dire, et j'en ferais serment, que tu m'aimes, que tu m'as aimé plus que je ne m'aime moi-même. Eh bien ! je sens aujourd'hui que plus tu avances dans les voies de Dieu, plus tu t'éloignes de moi ; c'est là ce que je ne veux pas. Si tu manquais à ma vie, ma vie ne serait rien ; si je savais ne plus rien aimer que ce que tu aimes, je n'aimerais plus rien, et cela ne peut pas être. Je veux donc te suivre, mais qu'il faut que tu me soutiennes! Je trébucherai à chaque pas, je tomberai dans le fossé, et j'y resterai jusqu'à ce que tu te retournes pour me relever; tu me crois un homme, et je ne suis qu'un enfant dont les os ne sont encore que chair. Fais une retraite de trois jours, et écris-moi le nom du prêtre auquel tu veux que je me confesse. »

Malheureusement cette lettre qui devait confirmer de si douces espérances, ne fut point alors expédiée. M. Mallac, craignant sans doute de s'être trop avancé, ne l'envoya que le 22 février; mais dans cet intervalle de luttes et d'indécisions pénibles, Dieu se servit d'un autre moyen pour annoncer à notre chère Louise qu'elle touchait enfin au terme de ses vœux. Dans la soirée du 14 janvier, elle fut saisie d'une oppression de poitrine inaccoutumée et d'une violente douleur que les médecins qualifièrent d'abord de douleur névralgique, mais que l'on reconnut bientôt pour l'indice certain d'une maladie de poitrine. Louise, comme elle déclara plus tard, demeura persuadée que c'était pour elle l'annonce de la fin; en effet, ce point douloureux ne céda pendant plus d'un an à aucun remède, et persista jusqu'à la mort.

Louise fut transportée à l'infirmerie qu'elle ne devait plus quitter, et passa quelques semaines dans un état de faiblesse qui nous donna de sérieuses inquiétudes. Nul doute qu'elle n'ait alors renouvelé, dans le secret de son cœur, le sacrifice qu'elle avait déjà si généreusement offert et dont elle goûta bientôt les fruits. Le 23 janvier, son frère vint à Conflans; il apportait à Mme Mallac quelques extraits de ses lectures sur la charité; après sa visite et déjà sur le seuil de la porte, il se retourne et dit : « Dans le cas où je voudrais me confesser, à qui devrais-je m'adresser? »

Un éclair de bonheur brille dans les yeux de sa mère et de sa sœur, il s'en aperçoit : « Cependant, se hâte-t-il d'ajouter, ne vous livrez pas trop à la joie, je ne suis nullement décidé; c'est une simple information que je désire prendre. » Mais Louise avait compris qu'elle était exaucée, et sa prière, animée par la reconnaissance, n'en devint que plus fervente. Un an plus tard, coïncidence bien remarquable, jour pour jour, elle consommait son sacrifice!

En attendant, la victime avait reçu le coup mortel, le triomphe de la grâce était assuré. Le 22 février, M. Mallac, envoyant à sa mère la suite de ses extraits, écrivait les lignes suivantes :

« Comment ai-je gardé si longtemps la livrée du vice? ton cœur, rempli de l'amour de Dieu, plein de tendresse pour ton pauvre fils, ne le comprendra pas; à peine ai-je eu copié la dernière page de saint Augustin, j'ai senti les atteintes d'une maladie morale, comparable en tous points aux maladies qui affligent les corps. J'ai été pris d'un marasme que je n'avais jamais connu. Mon esprit est soudainement devenu incapable d'application; mon corps s'est allangui, et toute énergie physique m'a fait défaut : c'est un état bien misérable; je ne vivais pas même de la vie des animaux, puisque ceux-ci déploient toujours l'activité nécessaire à leur existence. Cet état n'a guère cessé, mais je suppose que tous ces jours passés, tes prières ont redoublé au pied de la croix, car j'ai pris la résolution de m'appliquer un remède énergique. Je me suis rendu chez le P. de Ponlevoy; je n'ai pas été reçu, mais je me propose de retourner chez lui demain matin et de faire une confession provisoire.

» Voilà, ma mère bien-aimée, une nouvelle que tu attends depuis bien longtemps; je conjure ton cœur maternel de ne point tout d'abord se livrer à une joie qui pourrait être prématurée. Tu as conçu de ton misérable fils, par suite des louanges qu'il a coutume de se donner, une opinion trop favorable. Nul ne pourrait mesurer les profondeurs de sa faiblesse; comme tous les êtres indéfiniment faibles, il est indéfiniment présomptueux. Il sait sauvegarder les apparences; il connaît par cœur des maximes en l'honneur du courage, il les débite de mémoire comme s'il les découvrait, mais tout cela cache un bien grand vide. J'ai pris la résolution de retourner chez le P. de Ponlevoy demain matin, rien ne dit que j'exécute ce projet. Je me suis promis de rompre avec mes anciens égarements, mais qui m'assure que ce sera pour toujours? J'ai passé ma vie à me croire capable de toutes les vertus, et toute ma vie montre que je ne suis capable d'aucune. Si tant est que je me confesse, rien n'est moins certain que ma persévérance : la première tentation va peut-être m'abattre comme le vent fait tomber ces arbres rongés à l'intérieur et maintenus par une écorce trompeuse. Hélas! il n'y a dans tout cela que des sujets de larmes pour ta charité. Tu vas être tentée de remercier Dieu, et entrevoir un avenir de consolations égales aux amertumes dont ta vie s'est remplie par ma faute; prends garde, je n'ai d'autre appui que toi, c'est surtout maintenant que j'ai besoin de toi. Ne me laisse pas sans soutien lorsque mes tentations vont augmenter, lorsque je vais être attaqué par ruse sur les points où je me crois suffisamment défendu. Surtout, ma mère bien-aimée, ne demande pas à Dieu pour moi des biens terrestres. Tu le feras plus tard, si ton cœur maternel ne peut se contenir. Quant à présent, songeons à l'éternité, songeons à cette lumière infiniment belle qu'il s'agit de faire pénétrer dans mon âme, à cette vision des perfections divines qui fait de tous les mouvements de notre âme un seul et unique cantique d'amour. Créés hier, destinés à vivre toujours, que seront pour nous dans cent ans seulement tous les intérêts matériels? Sans doute il t'appartient d'y penser; tu es revêtue de ce droit en vertu de ton premier enfantement; mais le second, celui par lequel tu m'as ramené au pied de la Croix, n'a-t-il pas coûté plus de larmes à tes yeux, plus de souffrances, et de plus dures souffrances à ton cœur!....

» Le vœu de mon cœur, mon vœu le plus cher, celui que je forme lorsque je pense à tous les sacrifices que je t'ai coûtés, n'est point de te réjouir par le spectacle de mon bonheur temporel.... mon ambition est plus élevée, et je t'aime pour plus longtemps. Ce que je souhaite, c'est que notre union demeure pour toujours; de charnelle qu'elle est, qu'elle devienne spirituelle, toute spirituelle; que nous puissions, dès ici-bas, mais surtout au delà de la mort, nous trouver en contemplation devant la Vérité absolue, liés ensemble indissolublement par ces sentiments qui nous remplissent tous deux : mon éternelle reconnaissance, et ton inépuisable tendresse.... Les accidents humains sont des moyens :... pour aujourd'hui, tout cela n'est-il pas indifférent? il s'agit de consolider notre union, de lui donner des bases éternelles.... Quant à présent, courons au plus pressé; tâche de me faire monter le Calvaire avec toi, et de me faire demeurer quelque temps dans cette céleste compagnie de la sainte Vierge, de Marie-Madeleine et de saint Jean. Là, nous demanderons la force d'expier nos péchés; puis, nous nous remettrons entre les mains de la Providence pour le choix des moyens d'expiation. Quand donc en serons-nous là? J'ose à peine y penser. Tu vois qu'il n'est pas temps encore de chanter l'hymne d'actions de grâces, et que je viens de nouveau vous persécuter toutes trois; j'en suis bien confus. C'est bien humblement que je t'adresse mon instante prière. Fasse le Ciel que les larmes que je t'ai fait verser se tarissent enfin ! »

Le lendemain, 23 février, Louise lisait avec une indicible consolation le billet suivant, adressé à sa mère : « J'ai vu ce matin, comme nous l'espérions tous deux, le R. P. de Ponlevoy. Il m'a accueilli comme un apôtre qui a fait le sacrifice de son temps. Je me suis confessé. Je dois le revoir lundi et mercredi, à neuf heures du matin environ. Si je ne te vois pas avant lundi, quand sonneront neuf heures, prie Dieu de nous éclairer tous deux. »

C'était un samedi, sous la protection de Marie, que M. Mallac avait enfin accompli cette démarche décisive ; ce fut le vendredi suivant, 1er mars, sous les auspices du divin Cœur, que pour la première fois, après quinze années d'oubli, il reçut le Pain des forts.

« Restons unis, écrivait-il peu de jours

après à celles dont les prières persévérantes lui avaient obtenu ces grâces, restons unis dans cette merveilleuse communion de l'Eglise : *spes una — cor unum — anima una in corde Jesu.*

» Après cela qu'importe le reste? Dieu vous bénisse pour tout le bien que vous m'avez fait! pensez à moi quand vous direz : *sanctificetur nomen tuum, adveniat regnum tuum; et ne nos inducas in tentationem.* »

Laissons Louise lui exprimer elle-même la joie qu'elle ressentit d'un si heureux et si parfait retour.

« Quelle forte et intime union existe désormais entre nous! Je ne puis t'exprimer ce que j'éprouve lorsque en priant pour toi je n'ai plus qu'à demander ta persévérance, que je sens que tu es maintenant l'ami de Dieu, que tu l'aimes et le sers avec toute la ferveur de ton cœur... Je ne puis plus dire mon chapelet et prononcer ces paroles : *que votre règne arrive*, sans penser à toi; oui, c'est de toute mon âme que je demande le parfait accomplissement de ce règne dans ton cœur. Qu'il s'y établisse avec plénitude!... Par moments, nous nous demandons, maman, Joséphine et moi, si ce n'est point un beau rêve. Quelle consolation tu as donnée à notre chère et bien-aimée mère! Elle est tout autre depuis ce bienheureux jour, et lorsque nous sommes ensemble nous ne parlons que de notre bonheur.... Tes lettres sont maintenant un de nos plus grands sujets de joie et d'actions de grâces; comment faut-il t'en remercier?... Je me sens impuissante à le faire et plus encore à te dire le plaisir qu'elles nous procurent. Si quelques jours après leur réception, tu passais près de l'humble et modeste table sur laquelle notre chère maman écrit, tu l'y verrais, lisant et relisant encore ces lignes où elle retrouve, non-seulement son fils, mais un fervent chrétien.... Je t'avoue franchement que j'ai honte de répondre à de si saintes et si ravissantes pensées par ces pauvres lettres si insignifiantes, si peu remplies de l'Esprit de Dieu; heureusement que tu es bien indulgent pour ta pauvre sœur qui sait beaucoup t'aimer, mais qui ne sait guère écrire. Dans ces derniers jours de la semaine sainte, jours consacrés en entier à la prière et à la méditation, nous serons unis au pied de la croix avec la sainte Vierge. Dis-nous quel jour tu feras tes pâques, afin que nous puissions nous retrouver tous dans la sainte communion, car maintenaut, comme tu le dis si bien, entre nous, c'est le *cor unum et anima una in corde Jesu.*

» A Dieu, cher et bien-aimé frère. »

Le bonheur parut un moment lui rendre la santé, elle recouvra quelques forces vers la fin du Carême. Heureuse de les consacrer encore au service de son divin Maître, elle reprit avec zèle, mais selon les limites déterminées par l'obéissance, ses fonctions de sacristine pour les cérémonies de la semaine sainte. Le lundi de Pâques, elle écrivait :

« Je ne puis résister à la tentation d'adresser un petit mot d'affection à mon cher et bien-aimé frère. Quel *alleluia* nous avons dit cette année ! C'est qu'en célébrant la résurrection de Notre-Seigneur, nous pensions que l'un des membres les plus chers de notre famille était aussi ressuscité à la grâce et que l'amitié de Dieu lui était rendue. »

Ce même jour, elle se sentit plus fatiguée que de coutume et eut, vers le soir, un violent crachement de sang qui se renouvela le lendemain matin. C'était la première fois qu'un accident de ce genre se déclarait, aussi nos Mères conçurent-elles de vives inquiétudes; quant à notre chère Louise, elle était calme et abandonnée. « En voyant tout le monde s'empresser autour de moi, nous dit-elle ensuite, j'ai compris que mon état était grave; je me suis alors demandé si quelque chose pouvait tant soit peu troubler ma conscience, dans le cas où Dieu m'appellerait à lui; mais n'ayant rien trouvé, j'ai fait un acte de contrition, et je me suis entièrement remise à son bon plaisir. »

L'accident que nous venons de mentionner, fut suivi d'une extrême faiblesse; toutefois, les médecins trouvant nos craintes peu fondées, s'efforcèrent de nous rassurer, mais Louise, instruite de plus haut, dit à notre digne Mère : « Les médecins auront beau faire, et vous, beau prier, mon sort est fixé, je ne guérirai pas, je le sais. »

Notre digne Mère lui objecta qu'on avait vu bien d'autres personnes plus malades des mêmes accidents, se remettre, et vivre longtemps. « Cela peut-être, reprit-elle, mais une circonstance particulière me fait croire qu'il n'en sera pas ainsi pour moi. »

Elle lui confia alors comment elle avait offert sa vie à Notre-Seigneur pour obtenir la conversion de son frère et préserver la vocation de sa jeune sœur; puis elle ajouta : « L'assurance de ma fin prochaine ne m'a jamais quittée depuis. Voilà mon frère revenu à Dieu et Joséphine associée à notre bonheur; il est temps que mon sacrifice soit consommé. Vous verrez que les prières et les remèdes seront inutiles. Je suis du reste trop heureuse que Notre-Seigneur veuille bien nous accorder ces grandes grâces au prix d'une si faible offrande. »

Cependant, la tâche de dévoûment qu'elle s'était imposée à l'égard de son frère, n'était point encore achevée. Déjà Dieu faisait pressentir qu'il ne bornerait pas à une simple conversion ses desseins de miséricorde sur une âme qui revenait à Lui avec tant de générosité. Les grâces auxquelles Il avait attaché cette conversion, avaient été mises à un trop haut prix, pour n'être point suivies de faveurs plus signalées encore. Une nouvelle lutte, moins longue que la première, mais non moins pénible, allait s'engager et amener pour notre chère Louise un redoublement de souffrances; toutefois le sacrifice ne sera consommé qu'au jour où son frère lui aura donné l'assurance de répondre fidèlement à l'appel du Seigneur.

M. Mallac, à peine converti, se trouva en présence d'une vocation personnelle qu'il ne soupçonnait point en lui, bien qu'un directeur prudent affirmât en trouver les marques visibles dans sa première enfance. Retenu par les sentiments d'une humble défiance qui allait jusqu'à l'exagération, il chercha longtemps à se tromper sur la réalité de cette vocation dont il se croyait indigne. Mais Louise avait tout compris, et son cœur se livrait aux plus douces espérances. « Cette âme, disait-elle, procurera une grande gloire à Dieu, ne sera pas à la vertu à-demi. » Attentive à seconder l'action de la grâce, sans toutefois la prévenir jamais, elle savait, avec un tact plein de délicatesse, lui laisser entrevoir qu'elle avait deviné ce qu'il s'efforçait, non de lui cacher, mais de se dissimuler à lui-même. Tout d'abord, il prétendit qu'au dernier jour, il n'aurait point d'autre réponse à faire à la Sainte-Vierge, que celle des enfants de la Salette, à qui Marie demanda s'ils observaient bien les commandements de Dieu : « Pas guère, Madame... » Louise lui écrivit : « Non, bien sûr, tu ne répondras pas au jour du jugement : « Pas guère, Madame; » la Sainte Vierge t'aidera à faire plus que cela, j'en ai la confiance... Nous avons reçu trop de grâces pour rester comme des serviteurs paresseux au service de Notre-Seigneur. »

Mais dans son humilité, M. Mallac, s'affligeait de l'opinion favorable que sa mère et ses sœurs avaient conçue de lui.

« Je te remercie bien sincèrement de ta

lettre, répondait-il à Louise, elle m'a fait grand plaisir puisqu'elle vient de toi, mais elle me couvre de confusion... Je me demande bien positivement si je ne suis pas coupable de tes erreurs..., si ce n'est pas dans mes vanteries qu'il faut chercher la cause de l'opinion exagérée que vous vous faites à Conflans de ma personne, de ma piété, de la pureté de mes affections. Coupable ou non, je porte la peine de votre aveuglement, car il est certain que vous ne demandez pas pour moi les dons et les vertus dont vous m'attribuez la paisible possession...

» Vous avez tant parlé de moi au R. P. de Ponlevoy, que, pénétré de cette idée que les religieuses du Sacré-Cœur sont très-avancées en perfection et sont douées du don d'intelligence, ce bon Père s'est imaginé que j'étais bon à quelque chose. Il a bien vu, il verra bien plus tard, que tout cela n'est que l'illusion d'affection très-vives...

» Mille tendresses, cher ange gardien d'un frère indigne. »

Cependant, il était facile de voir que la

grâce le sollicitait vivement. Louise, que son frère se plaisait à nommer si justement l'*ange gardien de ma vie*, crut devoir lui exprimer plus clairement ses convictions. Elle profita, pour lui faire cette ouverture, d'un anniversaire bien cher à son cœur :

« Avant de te donner sur ma santé les détails que tu me demandes avec tant de bonté, lui écrivit-elle le 23 juillet, permets-moi de te parler un peu de toi... C'est aujourd'hui l'avant-veille d'une fête que je ne puis laisser passer, sans t'envoyer mes souhaits les meilleurs ; ceux que mon cœur renferme pour toi sont nombreux et ils n'embrassent pas peu de chose, je t'assure. Ton saint patron les entendra jeudi ; nous communierons à ton intention, et nous trouverons dans la prière un dédommagement à la privation de ne pouvoir être avec toi pour fêter saint Jacques.

» J'ai beaucoup de choses à te dire; je voudrais, puisque je ne puis te voir, t'écrire, comme on dit, à cœur ouvert. Pour cela, il faut que tu m'en donnes la permission, avec la promesse de n'attacher à ma lettre que l'importance qu'elle méritera, c'est-à-dire, de n'y voir qu'un simple épanchement. Il y a longtemps que je désire te confier ce que je pense de toi et *pour toi*, mais je n'ose jamais le faire dans la crainte de ne pas te dire ce qu'il faut. Cependant, plus je réfléchis, plus je *prie*, plus je me sens portée à ne pas m'abstenir; après tout, tu en feras ce que tu voudras; et, admettons à l'avance que je n'ai rien dit, si dans mes paroles tu vois autre chose que ma profonde et vraie affection pour toi, et le désir de ton plus grand bien. Ainsi, cher frère, si tu le veux, je t'enverrai peut-être quelques réflexions qui te paraîtront étranges; mais, encore une fois, n'y attache aucune importance. Du reste, venant de moi, elles ne peuvent qu'être bien nulles et bien creuses, mais j'ai besoin de te les communiquer. Tu es l'objet continuel de mes prières et de mes actes, il n'est donc pas étonnant qu'il me vienne beaucoup de pensées à ton sujet... Combien je me réjouis de voir que tu ne nous écris pas une seule fois sans nous parler de la Sainte Vierge. Qu'elle te bénisse toujours et te couvre de sa protection ! »

La permission sollicitée ne se fit pas attendre :

« Je reçois à l'instant ta lettre du 23. Je te remercie de ce que tu me souhaites pour mon bonheur, et je suis bien persuadé que personne n'adressera au Ciel pour mon salut des prières plus ardentes que les tiennes.

» Chère amie, tu m'annonces que tu as quelque chose à me dire sur mon compte, et que tu es retenue par toutes sortes de craintes. Il faut bannir ces craintes, tailler hardiment dans le drap de mon amour-propre, regarder en face la vérité que tu crois voir, et écrire ce que tu penses sans t'arrêter un instant à envisager l'effet que peut produire ta franchise. Non-seulement je crois que tu peux me parler à cœur ouvert, mais je suis bien persuadé que tu dois le faire.

» Tu m'écris avec une telle solennité, que je ne sais pas ce que tu vas me communiquer ; je puis t'affirmer, en toute éventualité, que tu ne peux rien dire ni rien faire qui puisse éveiller chez moi un autre sentiment que celui d'une tendre reconnaissance. Et cela est tout clair. Sur qui puis-je compter plus que sur vous? Quelle affection m'a été plus fidèle, à quelle amitié suis-je redevable d'aussi grands services? Prends donc tout ton courage, parle carrément et cède-moi, pour le temps pendant lequel je lirai ta lettre, cet esprit d'intelligence que le sort d'une pieuse loterie t'a fait recevoir en partage le jour de la Pentecôte.

» Je te mets entre les mains de Notre-Dame de la Salette; elle sait combien tes prières sont nécessaires pour retenir la main de son Fils : c'est parmi vous qu'il faut chercher les justes en faveur de qui le châtiment tarde à venir. »

« Ta si bonne et si affectueuse lettre du 25, répondit Louise, est venue chasser toutes mes craintes, elle m'a donné une grande joie ; tu m'encourages avec une si aimable bonté à te parler à cœur ouvert! Je viens maintenant, sans hésiter, te dire ce que je pense et ce que j'espère... Je ne crois pas que tu doives rester dans le monde; je crois que Dieu te veut religieux; ton cœur ne me semble pas fait pour aimer les créatures; il ne trouvera de repos que dans le pur amour de Dieu. Je me prends à regretter de voir tes belles années s'écouler, le temps se perdre, tandis que tu pourrais tant faire pour la gloire de Dieu!

» .... Tu sens en toi quelque chose qui te pousse vers les biens meilleurs, vers les affections plus pures. Et où les trouveras-tu ces biens meilleurs, où tes affections seront-elles purifiées, sanctifiées, sinon dans la vie religieuse et rien que là, du moins au degré de perfection auquel tu parais aspirer?

» Permets-moi de le dire, autant qu'il m'est donné de pouvoir en juger, ton âme me fait l'effet de lutter contre cette grâce de la vocation religieuse. C'est le combat de la nature qui se révolte en présence des sacrifices, de la mort qu'elle entrevoit, mais pour vivre de la vraie vie, pour sortir du terre à terre où elle nous tient enchaînés;

il ne faut pas l'écouter, il faut nous boucher les oreilles, il faut *marcher* sur elle.

» Je crois que si tu faisais une retraite, la lumière pénètrerait dans ton âme. Tu entendrais cette parole qu'il n'est donné qu'au petit nombre d'entendre. Mais qu'elle est bonne et que je souhaite que la voix de Notre-Seigneur vienne frapper ton oreille! Je crois qu'Il a déjà parlé, mais je crains que tu n'aies pas bien entendu; voilà pourquoi je te demande de vouloir bien écouter encore, et si tu l'entends, lève-toi, quitte tout, ne regarde pas en arrière; si tu savais ce qui t'attend!

» Promets-moi de prier un peu dans ce sens là; promets-moi de demander la lumière. Je te remets entre les mains de la Sainte Vierge; c'est à elle que je confie tous les désirs de mon cœur, c'est d'elle aussi que j'attends le secours! »

Quelle énergie, quelle force, quelle humble prudence dans les paroles de cette enfant! Ne semblent-elles pas dictées par l'Esprit-Saint lui-même : M. Mallac, tout surpris, ne répondit d'abord que par ces quelques mots :

« Ta lettre n'est pas ce que j'attendais. J'espérais autre chose. J'ai donc été pris au dépourvu et je ne puis pas te répondre. Je vous vois préoccupées à mon sujet tout autrement que je ne le suis moi-même. Demandez à Dieu un peu plus de tranquillité, et demeurez convaincues que je ne me livre à aucune lutte intérieure, à aucune agitation sourde, à aucun désespoir, à aucun découragement... Je ne crois pas être responsable de l'opinion exagérée que vous vous faites de mon mérite. Cependant, comme j'y suis pour quelque chose, je vous prie de ne pas cesser d'implorer pour moi le Saint-Esprit par l'intercession de Notre-Dame de la Salette. Cela me rendra plus humble et plus jaloux de donner de ma personne une idée moins décidément erronée. »

Peu de jours après, Louise se hasardait encore à lui adresser cette question : « *Que comptes-tu faire?* » Il répondit :

« Me nourrir de saint Thomas d'Aquin, le faire passer dans la moëlle de mes os. J'aurais un bien excellent moyen de vous faire partager mon admiration pour ce saint auteur : il suffirait pour cela de vous traduire sa réponse à la question suivante :

« Convient-il d'entrer en religion sans » avoir demandé conseil à beaucoup de » gens, et sans y avoir longuement ré- » fléchi ? »

» Mais il n'est pas à propos que je vous forge des armes, attendu que celles que vous vous préparez de vos propres mains, me semblent très-redoutables.

» Je souhaite que ma réponse te tranquillise, chère amie ?.... Si elle n'y parvenait pas, rappelle-toi cette maxime : *Deus et dies*, ce qui veut dire : Dieu et le temps. »

Enfin, le jour de l'Assomption, il ajoutait :

« Louise m'a écrit une lettre.... et j'ai sur la conscience le laconisme des réponses que j'ai faites jusqu'à présent à cette expression de son ardente affection pour moi. Toutefois, je ne veux pas entretenir l'erreur dans vos esprits. Je remercie Louise de son initiative : je lui déclare avec saint Thomas d'Aquin qu'elle a fait un acte de vertu chrétienne, de la meilleure, c'est-à-dire de charité, et je souhaite de toute mon âme qu'elle en reçoive la récompense ; mais je tiens à lui dire que si je lui sais bon gré de cette nouvelle preuve de sa tendresse, je suis persuadé qu'elle n'a pas suffisamment examiné la question.... Elle me déclare que je lutte contre la vocation religieuse. Ah ! si mon Seigneur Jésus-Christ me mettait au cœur cette vocation-là, s'Il m'appelait à me tenir parmi ceux de son choix, Il me ferait la grâce d'aller en courant distribuer aux pauvres le prix de la maison paternelle. Mais cette enfant, couronnée des bénédictions de Notre-Dame de la Salette, ne connaît de moi que l'image qu'elle a gravée elle-même dans son cœur ; elle me voit comme elle voudrait qne je fusse et nullement comme je suis. Elle cède aux ardeurs de son imagination qui lui met sous les yeux le ravissement de notre mère bien-aimée, s'il lui était donné de voir son fils dans la chaire de vérité distribuer le pain de la parole divine. Elle se persuade que je serais bon prédicateur, saint religieux, directeur éclairé, conseiller prudent. Ces belles choses imaginées, elle aime mieux m'en voir goûter les fruits que consumer dans une inquiète médiocrité, les jours mal employés d'une existence incomplète et d'une vie manquée. Encore une fois, Dieu la récompensera parce qu'elle a fait un acte de vertu ; mais ce n'est pas une raison pour que son charitable désir soit réalisé. Sait-elle si je nourris dans mon cœur une étincelle de ce feu divin sans lequel toutes les œuvres sont frappées de stérilité ? Sait-elle si je suis capable d'aimer mon prochain, comme Notre-Seigneur Jésus-Christ l'a aimé ? Elle a donc oublié tout ce que je vous ai fait souffrir, à vous que j'aimais autant que je puis aimer. Elle n'a pas imaginé d'après cela ce que j'ai dû faire souffrir aux autres.... »

M. Mallac prouve ensuite, à son insu, que déjà il avait mûrement examiné toutes les obligations de la vie religieuse ; il les expose à sa sœur en s'efforçant de lui démontrer qu'il est absolument incapable de les remplir.

« Il faudra pourtant répondre, continue-t-il, et répondre : Oui.— Et après tout cela, on me dira : Vous passerez pour fou. — Il faudra, d'une voix ferme et d'un cœur intrépide, prononcer ces paroles : Oui, cela me convient.

» Louise a-t-elle pensé à ces seize années d'études qu'il me faudra faire, pour ensuite être chargé, non pas de prêcher des retraites au noviciat de Conflans, mais pour partir, après douze heures, pour quelque mission lointaine, n'importe laquelle ? Et alors, il ne conviendra pas de dire : J'ai une mère que j'aime pour m'avoir deux fois donné la vie, pour avoir accompli tant d'œuvres saintes, que les châtiments mérités ont été écartés loin de moi, Le supérieur pressé passera dans un couloir : — A propos, dira-t-il, demain vous partez pour la Chine ; la persécution vous y attend, peut-être le martyre. — Oui, mon Père.

» Vous ne m'avez point éclairé au flambeau de ces nécessités de la vie religieuse. En vous dépouillant de tout attachement aux vanités de ce monde, vous avez gardé un goût intempestif pour toute ma personne. Vous ne songez pas que mes ressources sont faibles et que je suis désarmé, et vous me placez à l'avant-garde. Non, non, il faut souffler sur les lueurs vacillantes et blafardes de mon esprit, bien que vous les preniez pour des reflets de la lumière éternelle et véritable ; il faut demander pour moi des grâces plus élémentaires et ne souhaiter pas autre chose que l'accomplissement libre de la volonté de Dieu dans l'ordre même des circonstances et des faits que ménage pour moi sa Providence infiniment aimable. Il faut implorer sans cesse Notre-Dame de la Salette, non pas pour que je sois ravi au troisième ciel, mais pour que je fasse bien exactement ma prière le matin et le soir, afin de mériter après le travail de chaque semaine le repos du Seigneur, celui que goûtait l'apôtre saint Jean lorsqu'il appuyait sa tête sur la poitrine de son Maître bien-aimé, enfin, et en un mot, pour que sainte Marie, Mère de Dieu, prie pour moi, pauvre pécheur, maintenant et à l'heure de ma mort. Ainsi soit-il. »

Une telle lettre n'était point de nature à décourager notre chère Louise; bien au contraire, elle y trouvait, une fois de plus, la confirmation de son pressentiment; elle se contenta d'écrire à son frère :

« Je n'entreprendrai point de répondre à ta longue lettre du 15 août. Laisse-moi te dire seulement qu'à toutes les objections, à toutes les difficultés, je dirai même à toutes les impossibilités humaines, je n'ai qu'une seule chose à répondre : avec la grâce, rien n'est impossible. Dans cet ordre de choses, les plus faibles sont les plus forts. Maman a l'intention de t'écrire; elle te dira ce qu'elle pense et te conseillera, avant tout, j'en suis sûre, de prier; dans ce moment, il est évident qu'il n'y a pas autre chose à faire.

» Comme tu le dis si bien, il faut chercher le parfait accomplissement de la volonté de Dieu; accepter la croix telle qu'il lui plaît de nous l'imposer, et ne pas chercher à la rendre plus légère.

» ... Mon cher ami, quoi qu'il en soit, tâchons de devenir des saints; dévouons-nous au bon Dieu; nous n'avons que cela à faire. Tout le reste n'est qu'à fouler aux pieds. La vie est si courte! »

Au mois de septembre, M. Mallac apporta à sa sœur la traduction du traité de saint Thomas sur l'*entrée en religion*, « pour lui donner, dit-il, le plaisir de me pousser par des arguments auxquels je ne puis rien répondre. » En effet, les conseils si sages qu'elle lui adressait, étaient toujours reçus avec une pieuse vénération; mais le combat durait encore, la victoire de la grâce balançait, indécise. Avant de l'assurer par sa mort, Louise devait recevoir tous les contre-coups de la lutte par les douleurs sans cesse renouvelées d'une longue agonie. « Je souffre toujours davantage, quand mon frère a quelque grande décision à prendre, » disait-elle, après une crise violente qui coïncidait avec une retraite qu'il faisait alors chez les RR. PP.

Jésuites de la rue de Sèvres. Et encore : « J'ai eu bien à souffrir cette semaine ; la Sainte Vierge voulait quelque chose... Maintenant qu'elle l'a obtenu, je suis mieux. »

Jusqu'au dernier jour, M. Mallac ignora le généreux sacrifice dont il avait été l'objet ; mais Dieu lui-même, semblait depuis longtemps, lui en avoir donné le pressentiment intime. Que de fois son cœur s'épanchait en de tristes regrets à la pensée des souffrances de sa sœur bien aimée !

« Tu as déjà bien souffert pour mes péchés, lui disait-il ; cela établit entre nous une solidarité, une union, que je ne puis exprimer, mais qui devient chaque jour plus sensible.

» . . . Je n'ignore pas, ma chère enfant, tout le mal que je t'ai fait. Dieu m'a accordé la grâce de m'en donner un vif sentiment. Je t'en demande pardon, et j'en demande pardon à Dieu dans toute l'humilité de ma conscience. Tu avais mieux à attendre de celui que la Providence avait désigné pour te servir de protecteur et d'appui. La force que le Saint-Esprit t'a donnée, t'a permis de triompher de ces difficultés que tu avais le droit de ne pas avoir à combattre : ainsi Dieu tourne toutes choses à sa plus grande gloire.

» Mais aujourd'hui tu souffres, ange gardien et lumière de ma vie, je ne puis rien contre ces souffrances, si ce n'est de les désirer et de m'offrir à Dieu pour les endurer. Il ne le veut pas ainsi, parce qu'Il sait que je suis trop faible pour en tirer comme toi la sanctification du plus grand nombre. Dieu te bénisse et te couvre des plus précieux dons de sa munificence ! Que l'Esprit-Saint pénètre et remplisse de sa lumière et de sa force le plus intime de ton cœur ! »

L'action de la grâce, par l'intermédiaire de sa sœur, semblait du reste évidente pour quiconque lisait dans son âme. Un pieux et illustre ami trouvait déjà dans cette pensée un puissant motif d'adoucissement et d'espérance :

« Ma sœur et moi prierons avec consolation quoi qu'il arrive, louant avec vous et comme vous la très-haute, très-juste et très-aimable volonté de Dieu ; volonté non-seulement très-aimable, mais très-aimante. Madame votre sœur a choisi la bonne part, elle ne lui sera point enlevée par la mort. Si elle quitte ce monde, c'est qu'elle aura été appelée où elle a voulu aller. Votre sainte mère le sait déjà ; si vous ne le savez pas encore assez, la prière vous l'apprendra. Dieu sait ce qu'il fait ; il le fait à son heure pour le bien de ceux sur qui sa volonté s'accomplit, et la mort ne nous ôte rien de nos biens légitimes. L'amour est plus fort que la mort, et souvent même c'est la mort qui ouvre nos cœurs à cet amour par lequel nous arrivons à la possession de Dieu et de toute chose de Dieu. Nous ferons néanmoins des vœux pour que Dieu vous laisse cette chère sœur, parce que, dans la gloire de son sacrifice et de sa virginité, sous l'abri de son voile céleste, elle est pour vous une joie sans mélange d'inquiétudes.

» Nous vous remercions, cher monsieur et ami, d'avoir songé à nous dans l'angoisse où vous êtes, et de nous faire participer aux grâces éternelles que cette épouse de Jésus-Christ obtiendra dans ce monde ou dans l'autre pour tous ceux qui l'auront aimée et assistée.

» Que Dieu vous garde, qu'il vous bénisse, qu'il vous donne la douce lumière de ses desseins et le bonheur incomparable de le servir comme il veut être servi !

» Votre tout dévoué en Notre-Seigneur,

» L. V. »

Pendant le cours de sa longue maladie, Louise a souvent parlé à notre digne Mère de la mission qu'elle croyait avoir reçue du Ciel à l'égard de son frère. Elle offrait avec la plus énergique ferveur ses vives souffrances à l'intention de lui obtenir les grâces nécessaires pour répondre à l'appel de Dieu. « Il est temps que je m'en aille, » disait-elle l'avant-veille de sa mort, aux prises avec l'agonie, parlant déjà avec difficulté, mais avec l'assurance d'une âme parvenue au seuil de la céleste patrie : « Oui, il en est temps. — Et pourquoi? lui demanda-t-on ? — Pour mon frère, cela presse. »

En effet, le succès allait enfin couronner une si admirable persévérance : les derniers obstacles sont levés au moment où le sacrifice se consomme. La mission de Louise sur la terre était remplie; elle allait désormais la continuer au ciel.

Nous l'avons dit, dès le début, cet apostolat fut un véritable combat, et ce combat n'a point eu d'autre terme que la mort; nous avons vu l'influence si douce et si puissante de la sœur sur le frère, la persistance qu'elle mit à le poursuivre lorsqu'il résistait, ses efforts incessants pour le soutenir et l'affermir dans la voie lorsqu'il fut ébranlé; nous verrons bientôt son triomphe complet sur cette âme qu'elle entraîne avec elle dans le sein de Dieu !

CHAPITRE IX

Dernière maladie.

Nous avons laissé notre chère Louise frappée à mort par l'accident du 1er avril ; elle avait entrevu la couronne, mais elle ne devait pas la posséder encore. En purifiant cette belle âme par de longues et cruelles souffrances, Dieu voulait sans doute exalter son humble servante, et nous révéler dans tout leur éclat les trésors de grâces et de vertus dont il s'était plu à l'enrichir.

Un rétablissement presque complet vint bientôt confirmer les assurances réitérées des médecins sur le peu de gravité de son mal ; elle obtint la permission, non de remplir son emploi, mais d'en surveiller l'exercice.

Nous eûmes, à cette époque, la douleur de perdre une de nos jeunes religieuses qu'elle visitait fréquemment à titre de compagne d'infirmerie. Les derniers jours de sa vie, notre chère mourante, dévorée par une fièvre intense et continue, eut quelques accès de délire. Louise, qui la vit pendant une de ces crises, en fut vivement affectée : « Pour moi, dit-elle, la première chose que je demanderai à Dieu, si je retombe malade, sera de conserver ma connaissance jusqu'au dernier moment, afin de ne perdre ni le sentiment de mes souffrances, ni le plus petit mérite. » C'est ainsi que la grâce inspire des attraits différents : l'une expirait dans l'abandon complet où elle avait vécu, ne demandant rien au Seigneur, et recevant tout de sa main avec une égale reconnaissance; l'autre, non moins abandonnée, mais instruite du prix auquel Dieu met certaines grâces, voulait la croix dans toute sa rigueur. Nous verrons que le généreux désir de Louise fut pleinement exaucé : pendant sa longue maladie, sa lucidité d'esprit ne s'altéra jamais; elle put jusqu'à la fin savourer l'amertume du calice qui lui était offert.

Au décès de sa sœur, ce fut elle qui régla toutes les dispositions à prendre pour la cérémonie funèbre; elle les consigna de sa main dans le journal de la sacristie, afin, dit-elle, d'éviter, après sa mort, le même embarras à la personne qui la remplacerait. Comme elle l'avait prévu, ces notes servirent pour la première fois à ses propres funérailles; le pressentiment de sa fin prochaine lui était donc toujours présent; déjà elle avait reçu, de la bouche de sa Sœur mourante, ces paroles d'espérance : « Vous me suivrez bientôt! » et Dieu ne tarda pas à lui en donner une nouvelle certitude.

En effet, Louise venait d'être reprise d'un crachement de sang dont les suites nous jetèrent dans les plus vives alarmes. Des accidents semblables, auxquels se joignaient de fréquents accès de toux et de violentes douleurs, se renouvelèrent à des époques très-rapprochées. Le 26 mai, fête de la Sainte-Trinité, notre très-révérende Mère générale passa quelques heures à Conflans et vit notre chère malade; son cœur fut péniblement affecté; elle la bénit avec toute l'effusion de sa maternelle tendresse en répétant : « Mon Dieu, guérissez donc mon enfant ! »

Quelques jours moins douloureux furent sans doute le résultat de cette prière, et nos supplications que redoublait l'espoir, montaient plus pressantes vers le Ciel. Quant à M. Mallac, depuis ce moment jusqu'à celui de la mort, il ne cessa de multiplier en faveur de Louise toutes les bonnes œuvres que lui suggéraient sa tendresse et sa foi.

« Que te dirai-je, ma sœur bien-aimée, lui écrivit-il le 28 mai, que te dirai-je de tous les sentiments qui se sont emparés de mon cœur et qui n'y laissent plus de place! Je n'avais rien aperçu des souffrances que tu devais déjà ressentir en ce saint jour de la Pentecôte; ma sécurité était entière et je voyais la santé te revenir avec la saison chaude. J'ai le plus ferme espoir que je ne me suis pas trompé, et que tes douleurs actuelles n'auront eu pour effet que de te faire avancer davantage dans les voies de la perfection. Mais si j'avais pu pressentir que Dieu t'enverrait cette épreuve, j'aurais essayé de me rendre maître de moi-même, et de te dire l'énergie de mon affection pour toi.... Je ne sais encore rien de ce qui t'est arrivé. Je n'ai pas reçu la première lettre de notre mère... sa seconde lettre m'est arrivée hier soir, lundi...; depuis ce moment, et pour plusieurs jours, tout mon cœur et tout mon esprit sont à Conflans; j'ai passé la nuit entière à prier, à demander tes souffrances. Je veillerai encore ce soir, et si mon corps veut céder, si le sommeil vient me surprendre, ce sera du moins sur ma chaise..... Demain, la congrégation des Maristes de la Seyne, composée de vingt-deux Pères, offrira toutes ses messes pour attirer sur toi les bénédictions du Ciel. Il en sera de même des trois vicaires de la paroisse et du curé. J'ai prié celui-ci de bien recommander aux Pères maristes et à ses vicaires de n'adresser pour nous que cette seule prière :

« Que la très-juste, très-haute et très-aimable volonté de Dieu soit accomplie en toutes choses : qu'elle soit louée et glorifiée à jamais!

» .... De plus, ma chère amie, les trois derniers jours du mois de Marie vont être, à ton intention, célébrés avec une solennité exceptionnelle; l'autel sera illuminé de toutes les bougies qu'il pourra contenir. »

Le mal ne tarda pas à reprendre son cours avec une intensité effrayante; nous eûmes alors l'inspiration de recourir à Notre-Dame de la Salette, et le 7 juin, fête du Sacré-Cœur de Jésus, nous commençâmes une neuvaine; Louise s'y unit par obéissance et parut même espérer sa guérison. Notre digne Mère promit l'érection d'une statue de Notre-Dame de la Salette à Conflans, une fête solennelle le 19 septembre, jour consacré à la mémoire de la miraculeuse apparition, le renouvellement de cette fête pendant une année, tous les 19 de chaque mois; enfin, au nom de M. Mallac, un pèlerinage à la sainte montagne.

Pendant toute la neuvaine, notre chère malade donna les plus vives inquiétudes; cependant, le 12 juin, se trouvant un peu mieux, elle écrivit à son frère, d'une main défaillante, le billet suivant qui, selon les probabilités humaines, devait être la dernière expression de sa tendresse et de son zèle ardent :

« Mon cher et trop bon frère,

» On me donne aujourd'hui une permission que je désire depuis longtemps, celle de te remercier moi-même de ton affection pour ta si indigne sœur, et de toutes les preuves que tu lui en donnes. Je ne cesse de prier pour toi; c'est la seule manière de te rendre un peu tout le bien que tu me fais. Je prie pour que Dieu t'éclaire, pour qu'il te fasse connaître ses desseins... Je me réjouis d'avoir l'occasion de pouvoir offrir quelques petits sacrifices à Notre-Seigneur en faveur de ta chère âme; tu ne sauras que dans le ciel ce que Dieu a mis pour elle dans mon cœur ; et maintenant, ces liens déjà si forts ne sont-ils pas doublés ? cette union n'est-elle pas plus entière?

» Il m'est bien doux de te parler sur ce pauvre petit papier, puisque le bon Dieu ne veut pas autre chose pour le moment; mais il faut finir, ma main commence à trembler.

» A Dieu, dans le Cœur de Jésus. Que de ce Cœur divin sorte pour toi une grâce de lumière; c'est ce que je demande sans cesse en ce moment. »

Les deux jours suivants furent extrêmement pénibles; enfin le huitième, la crise affreuse qui se manifesta subitement, nous fit appréhender une fin prochaine. Une révolution, accompagnée de phénomènes étranges semblait s'opérer : parfois la circulation se précipitait avec une violence effrayante, puis elle s'arrêtait court, durant des intervalles d'une longueur mortelle; la malade, sous l'empire d'une surexcitation fébrile, conservait pourtant toute sa présence d'esprit, et comprenait la gravité de son état; enfin à cette douloureuse agitation succéda une entière prostration de forces, non moins alarmante. Mais le danger même augmentait notre confiance, et nous attendions tout de cette Mère de bonté qui se plaît à faire éclater son pouvoir, alors que toutes les ressources humaines sont reconnues impuissantes. Marie allait couvrir de sa protection son enfant bien-aimée, et notre chère Louise elle-même semblait le pressentir : elle devait communier pour la clôture de la neuvaine. « Quand le divin Maître sera dans mon cœur, disait-elle, il saura bien faire disparaître mon mal. » Puis, faisant allusion à l'Evangile du Dimanche, elle ajoutait : « Notre-Seigneur a déjà dit à la sainte Vierge : J'irai, et je la guérirai. »

Nos espérances ne furent point déçues : une nuit calme et paisible succéda à cette crise violente, et, le dernier jour de la neuvaine nous pûmes croire à une parfaite guérison ; les signes inquiétants avaient disparu, une extrême faiblesse témoignait seule des souffrances passées. Le lendemain, dimanche, fête de saint François Régis,

Louise put se rendre à une tribune pour y entendre la sainte messe. Que de prières et de chants de reconnaissance s'élevèrent en ce moment de tous les cœurs vers celui de la très-sainte Vierge ! Hélas! nous ignorions que, sans rien changer aux décrets éternels, Marie avait voulu montrer qu'elle n'est jamais insensible aux vœux de ses enfants.

Pendant que nous nous livrions à l'espoir, Louise, seule, nous répétait que cette amélioration ne serait que passagère : « La sainte Vierge ne voulait pas me guérir, je le sais, disait-elle, mais vous l'avez tant importunée que vous l'y avez forcée. » Et encore : « Notre-Seigneur m'a guérie pour quelque temps, afin de faire voir qu'il ne peut rien refuser à la prière de Conflans; mais cela ne durera pas, mon rétablissement contrarie la sainte Vierge. »

Cependant nous avions commencé une neuvaine d'actions de grâces, et nous ne songions plus qu'à l'accomplissement des promesses faites à Notre-Dame de la Salette. M. Mallac apprit avec joie qu'on s'était engagé pour lui, et, dès le lundi soir, il partit pour Grenoble. Il avait reçu, de la main de sa sœur, l'*ex-voto* que notre digne Mère envoyait au sanctuaire vénéré : c'était un cœur de vermeil renfermant les noms de toutes les personnes de la maison, et ceux de la famille de notre chère Louise. Toutefois il n'était pas pleinement rassuré; Marie semblait, par un vague pressentiment, l'instruire des desseins du Ciel et le préparer au sacrifice. Au moment du départ, le R. P. de Ponlevoy lui avait dit : « Dieu est maître, il prend et il donne comme il veut; il est père et nous aime; soumission, puisqu'il est maître; abandon, puisqu'il est père. » M. Mallac, entrant avec foi dans ces sentiments de respectueuse résignation, se borna à faire offrir des messes nombreuses aux intentions de la communauté de Conflans. Il ne savait pas que, dans la pensée de Louise, ce voyage était moins un pèlerinage d'actions de grâces, qu'un nouveau moyen de sanctification, que sa tendre sollicitude lui ménageait encore.

Il voulut célébrer sur la montagne « des larmes de notre divine Mère, » la fête de saint Louis de Gonzague, patron de sa sœur bien-aimée; en union avec elle, il communia à la messe de communauté des Pères de la Salette, dite à la même heure que celle de Conflans, et, malgré ses répugnances, il fit, pour la première fois de sa vie, le chemin de la croix, en suivant avec tous les pélerins, la route consacrée par les pas de Marie, depuis le lieu de l'apparition jusqu'à celui de l'assomption. « Je n'ai pas hésité, dit-il, à sacrifier mon voyage à la Chartreuse, pour remercier Dieu, par cette humiliation en plein air. » Le lendemain, après avoir bu à la santé de sa sœur un verre d'eau puisé à la fontaine miraculeuse, il quitta le saint pèlerinage, comblé des grâces les plus abondantes. « C'est une dure séparation que celle de la Salette, avouait-il; le sentiment qui me reste de mon séjour dans cette solitude est une onction très-suave, des souvenirs pleins de piété, et de grands encouragements pour l'avenir. » Il envoya à sa sœur une caisse remplie d'objets de dévotion recueillis à la Salette; Louise fut heureuse de les remettre entre les mains de notre digne

Mère, qui voulut bien se charger de les distribuer, en son nom, à toutes les personnes de la communauté.

Bientôt nous eûmes la consolation de voir notre chère convalescente sortir de sa chambre; appuyée sur le bras de l'infirmière, elle descendait au jardin et paraissait recouvrer quelques forces dans ces promenades, prolongées souvent une grande partie du jour. Elle avait même, de temps en temps, le bonheur de se rendre à la chapelle pour communier. « Quand on me permet d'aller voir Notre-Seigneur, nous disait-elle, après lui avoir rendu mes grands hommages, je lui dis : — Maintenant, mon bon Maître, il faut me faire une petite guérison, sans cela on ne me laisserait plus venir vous trouver; — et en effet, je suis toujours mieux après. »

Cependant, les crachements de sang n'étaient contenus que par la force des remèdes, et le point douloureux, après avoir complètement cessé, se faisait de nouveau sentir sans interruption. « C'est mon ami, disait-elle en souriant, l'envoyé du bon Dieu ; il ne me quittera plus jusqu'à ma mort. »

Nous ne pouvions pourtant abandonner nos espérances, et Louise, par un effet de son affectueuse délicatesse, semblait parfois les partager. Elle remerciait ainsi son frère en lui rendant compte des progrès de sa convalescence :

« Notre-Dame de la Salette continue son œuvre ; ma santé se remet de jour en jour. On me fait prendre tant de choses fortifiantes, que j'espère être bientôt mieux qu'avant de tomber malade... Je sens la vie revenir dans tout mon être. Grâces en soient rendues à notre divine et si bonne Mère !.. Je suis seulement tenue à un régime sévère ; je n'ai encore pu reprendre aucun des exercices de ma chère et bien-aimée vie religieuse, parce que je n'en ai pas la permission, mais je m'en sens bien la force. Ce sera quand le bon Dieu voudra ; je ne demande rien ; je suis trop heureuse de m'abandonner entre les mains de ma si bonne Supérieure ; elle ne peut que me prescrire ce qu'il y a de plus conforme à la volonté de Dieu. Mais quel jour que celui où il me sera encore donné de me dévouer au service de ce Dieu si bon pour sa pauvre et indigne enfant! Rien jamais ne pourra te donner l'idée des soins dont on m'entoure... on m'interdit tout ce qui peut ressembler à l'ombre de la fatigue. Tu as pu juger par toi-même, dans le peu que tu as vu, des attentions, des bontés qu'on me prodigue.

» A toi aussi, bien cher frère, je te dois des remercîments, et en grand nombre; j'en ai le cœur tout rempli. Je cherche ce que je puis faire pour toi; je te suis redevable d'une partie de cette santé, tu as tant prié pour moi!... A mesure que je la sens renaître, je remercie Dieu de m'accorder la grâce de pouvoir encore travailler pour Lui, et je trouve que le meilleur moyen de te prouver ma reconnaissance, est de t'associer au peu de bien qu'il me sera donné de faire... En attendant, je te recommande sans cesse à notre divine Mère; je lui demande de te continuer cette abondance de grâces dont elle a été, n'en doutons pas, la principale source...

» Je profite de ma solitude et de mon inaction forcée, pour beaucoup lire; on a la bonté de me donner d'excellents livres, de sorte que mes journées passent trop vite... J'ai fini la vie du Père de Ravignan, je suis tentée de la recommencer pour la cinquième fois, tant je la trouve admirable... Je consacre aussi beaucoup de temps à la prière, afin de nourrir mon âme pendant qu'autour de moi, on est si empressé à soigner mon pauvre corps... Prier et lire, tu le sais, sont deux choses que j'aime beaucoup. Avec quelle joie je vois revenir mes forces pour consacrer à Notre-Seigneur le reste de mon existence! »

Les premières semaines de septembre furent pénibles; les accès de toux étaient fréquents, les nuits se passaient rarement sans fièvre. La fête de Notre-Dame de la Salette approchait; une fois encore, nous eûmes recours à Marie : nous commençâmes une seconde neuvaine qui se termina le 19. Notre divine et si puissante Mère se montra propice à nos vœux : le mois suivant fut pour Louise le meilleur de sa convalescence.

A cette époque, les exercices de la retraite

annuelle nous furent données par le R. P. de Ponlevoy. Nous transcrivons ici quelques notes d'un petit bulletin que Louise, sur la demande qui lui en avait été faite, écrivit chaque jour de la retraite pour calmer les inquiétudes de son frère :

« 21 septembre 1861. Je continue à aller très-bien, depuis le 19 surtout. Mes nuits sont ce qu'elles n'ont jamais été à partir du commencement de ma maladie ; c'est la meilleure preuve que je puisse te donner de ma bonne santé. Dieu soit béni de tout, et Notre-Dame de la Salette aussi !

» J'ai vu le R. P. de Ponlevoy... « Souffrez votre inaction forcée, m'a-t-il dit, le sacrifice de ne pouvoir suivre la vie commune afin d'attirer des grâces sur ce cher enfant... Il ne t'appelle jamais autrement... Il est au moment de prendre une détermination ; il a besoin de prières. » Maman est enfoncée dans sa solitude, ainsi que Joséphine. Toute cette maison est dans une ferveur qui donne envie de se livrer sans mesure entre les mains d'un Dieu si prodigue de grâces. Le Père fait, il paraît, d'excellentes instructions ; j'avoue que c'est pour moi un grand sacrifice de ne pouvoir les entendre ; mais je suis heureuse de l'offrir à Dieu à l'intention de ta chère âme, pour laquelle je ne sais pas ce que je pourrais refuser.

» 22 septembre. Je suis toujours fort bien ; l'activité me dévore de plus en plus ; c'est un des meilleures signes du retour de la santé.

» 23 septembre. On dit que lorsqu'on a quelque chose de désagréable à déclarer en confession, il faut commencer par là ; je vais prendre cette méthode pour le compte-rendu de ma santé. Donc : excellente nuit, très-peu toussé, bon appétit, absence de fièvre.

» Ce que j'entends dire de la retraite me donnerait un désir violent d'y assister, si je ne pensais pas que l'accomplissement de la volonté de Dieu est ce qu'il y a de meilleur. Le Père m'a dit que ma retraite était faite, puisque le but principal des saints Exercices est de connaître la volonté de Dieu afin de la suivre, et que, pour moi, cette volonté est manifestée par la position même où je me trouve.

» 24 septembre. J'ai eu le bonheur ce matin d'entendre la messe et de communier; c'est te dire que je vais très-bien.

» C'est aujourd'hui la fête de Notre-Dame de la Merci; nous sommes tous plus ou moins captifs, et bien des chaînes nous empêchent d'aller à Dieu ou retardent notre marche. Permets-moi de t'avouer que j'ai demandé à la sainte Vierge de briser les liens qui pourraient t'empêcher d'entrer dans la liberté seule vraie que l'on ne trouve que...... Je n'ose pas finir ma phrase; à toi de l'interpréter comme tu voudras!

» 25 septembre. Pour la première fois depuis longtemps, j'ai passé une nuit entière sans tousser; tu vois que la sainte Vierge a écouté nos prières. Pense un peu à ce qui se passe dans mon âme, quand j'entrevois la perspective de pouvoir encore me dévouer au service de Notre-Seigneur, de suivre les exercices tant aimés de ma vie religieuse. Je suis obligée, le plus souvent, de m'interdire ces pensées; elles m'empêchent de rester dans la *modération* que l'obéissance me prescrit....

» Le temps ne me paraît pas long; je reçois tous les jours la bonne visite de deux ou trois charitables Mères, qui savent trouver, au milieu de leurs occupations, un moment pour ta pauvre indigne sœur; oui, bien *indigne* de tant de bonté, de charité et d'intérêt.

» Je vais, chaque jour, dire un petit mot pour toi à notre divine Mère de la Salette. »

Louise cependant, demeurait persuadée qu'elle ne guérirait pas, et laissait même parfois échapper son secret: l'engageait-on à visiter le nouveau bâtiment, récemment élevé pour l'agrandissement du noviciat, et la petite chambre qu'on y préparait à son intention, elle refusait doucement: « Je sais que je ne l'habiterai jamais. » Autant elle paraissait souffrir quand on lui exprimait des espérances de vie, autant elle était radieuse lorsqu'on semblait partager ses pressentiments; son cœur se dilatait, elle parlait de son bonheur, puis, s'arrêtant tout-à-coup : « Je ne dois pas dire cela, ma Mère me l'a défendu. » En effet, l'obéissance lui avait fait un devoir de prier et d'espérer, et elle s'efforçait de soumettre à l'empire de cette vertu ses convictions les plus intimes. « Je prie pour mon rétablissement, et même j'en renouvelle souvent le désir, nous avouait-elle, parce que je fais, chaque fois, un grand acte d'obéissance et d'abnégation ; mais je ne guérirai pas, l'arrêt en est porté. »

Toutefois le zèle qui la pressait de travailler à la gloire du Sacré-Cœur, ces moments d'amélioration où elle croyait recouvrer ses anciennes forces, la rattachaient par intervalles à la vie, en lui laissant entrevoir la possibilité de travailler encore à l'œuvre du Seigneur. Et lorsque rentrant dans l'intime de son âme, elle y retrouvait la même réponse de mort, des luttes étranges déchiraient son cœur. Elle eût pris volontiers pour devise : « Ou travailler, ou souffrir, ou mourir ! » D'ailleurs l'état d'incertitude dans lequel la tenait cette longue convalescence, les soins multipliés dont elle était l'objet, et la perspective de languir longtemps encore, furent extrêmement pénibles à sa nature vive et ardente. « Souffrir n'est rien, disait-elle, ou plutôt c'est une immense consolation ; mourir c'est un bonheur et l'objet de mes désirs ; mais demeurer dans l'inaction sans souffrances, voilà ce qui consume.... pour moi c'est l'agonie. »

Nous pouvons l'affirmer, le zèle qui dévorait cette âme généreuse a toujours été la principale cause de ses souffrances. Pendant sa vie religieuse, Louise trouva sa plus lourde croix dans les limites que les supérieures, à cause de sa faible santé, durent imposer à son ardeur; cette croix devint accablante, quand il lui fallut renoncer, pour toujours, à l'espoir de travailler pour son Dieu. Mais si pure que soit une source, souvent les eaux qui en découlent, contractent quelque mélange en se déversant par un canal étranger; ainsi le zèle, dont la source est en Dieu, peut, en passant par notre propre cœur, prendre quelque chose de l'imperfection de la nature, et s'épancher dans des désirs, qui ne sont pas entièrement purs aux yeux de Celui qui découvre des taches jusque dans ses anges. Dieu permettait donc cette vie languissante et l'état crucifiant qui en était le résultat, afin d'obtenir de notre chère sœur un dégagement plus entier sur un point encore trop sensible. Elle le comprit, et en fit l'objet constant de ses efforts et de ses victoires.

La première fois qu'elle communia étant alitée, elle ne crut pas pouvoir offrir à Notre-Seigneur de préparation plus méritoire, ni de meilleure action de grâces, que l'acceptation de ce repos forcé, sacrifice qu'elle dut renouveler souvent encore : « Après tout, écrivait-elle à son frère en exprimant les désirs et les regrets de son zèle, après tout, peu importe ce que nous faisons ; Dieu n'a point besoin de nos œuvres, mais il est jaloux de notre abandon entre ses mains et du parfait accomplissement de sa très-aimable volonté. »

Vers la fin d'octobre, on put constater un nouveau décroissement de forces : toute occupation, la lecture même qui jusque-là avait abrégé ses heures d'inaction, lui devint impossible; les nuits étaient de plus en plus mauvaises. Pendant ces pénibles insomnies, Louise se consolait en se disant : « Tout le monde ici repose, et moi, en souffrant pour Notre-Seigneur, je travaille plus que personne... » Ce fut dans cet état qu'elle célébra l'anniversaire de sa profession religieuse; sa sœur Joséphine, qui était alors retenue à quelques pas de sa chambre par une indisposition, reçut d'elle le petit billet suivant, où nous retrouvons toute sa pieuse et joyeuse simplicité.

« Ma chère petite sœur,

» Ce matin, j'ai trop pensé à vous pour ne pas venir vous le dire; j'ai demandé beaucoup de grâces pour vous à la grande sainte Thérèse. Je l'ai surtout beaucoup remerciée à votre intention; car je vous assure que Notre-Seigneur vous a fait une belle grâce, il y a aujourd'hui un an, et je ne doute point que notre chère sainte Thérèse n'ait fait quelque chose pour vous aider à rompre vos liens. Je vous souhaite une bonne seconde année de noviciat, bien fervente, bien généreuse. Aimez Notre-Seigneur de toutes vos forces. Aimez-le pour vous et pour moi, car je suis bien mauvaise. Je pensais ce matin avec confusion à mes imperfections et à ma lâcheté indigne... Combien nous sommes heureuses...., nous qui n'avons d'autres soins que de plaire à Notre-Seigneur, de l'aimer et de le faire aimer!

» J'ai pris de très-bonnes résolutions; je veux tout à fait me convertir et tendre à cette perfection que nous demande la règle; pour cela, je réclame vos prières.

» Adieu, chère petite solitaire, profitez de votre réclusion pour vous reposer en Notre-Seigneur.

» Votre sœur et sœur,

» LOUISE. »

Le 30 octobre, fête du bienheureux Alphonse Rodriguez, elle se trouva si fatiguée pendant le salut, qu'elle dut sortir et se retirer dans sa chambre. Tout à coup, elle sentit son âme envahie par une angoisse indicible; elle comprit que Notre-Seigneur lui demandait quelque chose et chercha longtemps : « Mon Dieu, répéta-t-elle avec anxiété, que voulez-vous donc de moi?... Est-ce le sacrifice de ma vie?... ne vous l'ai-je pas déjà fait?... » Comprenant enfin qu'il fallait, une fois encore, offrir l'holocauste d'un complet et généreux abandon, elle se remit, tout entière et sans hésiter, entre les mains de son Dieu; elle accepta pleinement l'incertitude et l'inaction qui lui étaient mille fois plus pénibles que la mort; bientôt, un calme profond succéda à la tourmente; rien désormais ne vint troubler la paix divine dont son âme fut alors inondée. Elle faisait sans doute allusion à cette circonstance, quand elle dit à une de nos Mères, d'une manière profondément sentie : « Je vois maintenant ce que doit être une véritable religieuse; j'avoue que jusqu'ici je ne l'avais pas compris. Oui, la vie ou la mort, le travail ou le repos, tout est égal devant Dieu; ces beaux désirs de zèle ne sont qu'illusion de la nature, j'en ai fait le sacrifice. »

Bientôt notre chère Sœur en vint, non-seulement à accepter l'action crucifiante de la grâce, mais encore à s'en réjouir sincèrement.

Les premiers jours de novembre, elle s'alita pour ne plus se relever; un matin, elle accueillit avec un air de bonheur une personne qui la visitait : « Je suis très-contente, dit-elle, la volonté de Notre-Seigneur est bien que je sois ainsi; il m'en a donné l'assurance, et cela m'a beaucoup consolée. » Lorsqu'on envoya à la Maison-mère la liste du personnel de Conflans, pour servir au catalogue général, elle fit, avec une douce gaîté, la remarque suivante : « J'ai vu aujourd'hui la liste de toutes les personnes de la maison; à la suite de chaque nom se trouvait l'indication des différents emplois : maîtresse de classe, portière, sacristine, surveillante, etc., et après le nom de Louise Mallac, était inscrit le mot : *malade.* Oh! le bel emploi! je ne l'échangerais pour aucun autre; tous viennent de Dieu, il est vrai; pourtant la main de l'homme y est encore pour quelque chose;

mais le mien, c'est Notre-Seigneur tout seul qui l'a choisi. »

Un redoublement de souffrances vint répondre à une offrande si généreusement renouvelée : la maladie de poitrine reparut à cette époque avec une intensité que nul remède ne put arrêter ; les médecins constatèrent une phthisie devenue galopante. Une fièvre presque continue, un dégoût insurmontable pour toute espèce de nourriture, des suffocations si pénibles que les fenêtres de sa chambre devaient rester ouvertes pendant les plus froides nuits d'hiver, la jetèrent dans un état de douleurs aiguës qui ne cessa qu'avec la vie.

Il était à craindre qu'une des crises violentes qui revenaient à peu près chaque nuit, n'enlevât subitement notre chère Sœur; on songea donc à lui administrer les derniers sacrements, et l'on fixa la fête de saint François-Xavier pour la cérémonie.

Ce fut avec des transports de bonheur qu'elle en reçut la nouvelle; elle se disposa à ce grand acte de la manière la plus édifiante, demanda instamment des prières, témoigna le désir que tout se passât très-simplement et surtout que l'on ne s'attendrît pas. Tout entière aux saintes pensées, aux pieux désirs qui remplissaient son âme, elle répétait avec une joie inexprimable : « Je suis sous la même impression qu'aux plus beaux jours de ma vie; je me sens comme à la veille de ma première communion, de ma profession religieuse. » Lorsque vint le moment de préparer sa chambre pour la cérémonie, elle regarda avec attention si rien n'était oublié; mais bientôt, se reprochant cette préoccupation, elle ferma son rideau et dit : « Je ne suis plus sacristine, ce sont des distractions inutiles. »

Avant sa confession, elle dit à notre digne Mère : « Il faut que vous m'aidiez; j'ai beau chercher, je ne trouve point de péché. » Après quelques instants de réflexion, elle reprit : « Ah! j'en ai découvert deux : cette nuit j'ai pris avec trop de plaisir trois quartiers d'orange, et dernièrement j'ai été injuste envers l'un des médecins, lorsque je l'ai vu persister à soutenir que j'avais une névralgie; je me croyais plus malade, mais il est possible que je me trompe et que je vous trompe aussi. »

Elle fut administrée à neuf heures; avant de recevoir le saint Viatique, d'une voix ferme et distincte, elle demanda humblement pardon à ses Mères et à ses Sœurs des mauvais exemples qu'elle croyait leur avoir donnés, puis elle renouvela ses vœux. Après la cérémonie, elle demeura longtemps recueillie dans une fervente action de grâces. Nous pûmes remarquer dans notre bien-aimée sœur les effets manifestes du sacrement destiné au soulagement spirituel et corporel des malades : une amélioration sensible vint pendant quelques jours ranimer nos espérances; une allégresse vraiment extraordinaire brillait dans ses traits : « J'ai toutes les joies, s'écriait-elle, celle de l'esprit, celle du cœur, la joie parfaite ! Je n'ai qu'un seul chagrin, celui d'affliger par ma mort les personnes qui ont la bonté de m'aimer. Ah ! si je pouvais trouver le moyen de mourir sans leur causer de peine !..... Mais comprenez-vous ce que je dois éprouver à la pensée de ce réveil en Dieu, de cette union éternelle avec Notre-Seigneur ?... J'en suis si près !..... Quelle grâce que celle de l'Extrême-Onction ! elle est si forte, qu'on ne peut la comprendre qu'après l'avoir reçue, c'est l'avant-goût du ciel !... » Et en prononçant ces dernières paroles, son visage semblait déjà éclairé d'un rayon de joie divine. Elle voulut que l'on dît un *Te Deum* et un *Magnificat* en action de grâces, et demanda que ces mêmes prières fussent récitées après sa mort. Ce même jour elle trouva assez de forces pour écrire à son frère la lettre suivante, précieux gage de sa foi, de sa tendresse et de ses pieuses sollicitudes :

« 3 décembre 1861.

» Fortifiée et enrichie des immenses grâces dont Notre-Seigneur a daigné me combler ce matin, je viens, cher et bien-aimé frère, te dire à Dieu, ou plutôt au revoir ; car, s'il ne nous est plus donné de nous revoir sur cette pauvre terre, notre espérance nous dit que nous nous retrouverons dans un monde meilleur. A la veille, peut-être, d'y aller, si Dieu veut bien me faire miséricorde, je ne sais que te parler de ce Dieu bon, objet unique de mes pensées et de mes affections.

» Je voudrais faire passer dans ton âme qui m'est si chère, les sentiments qui animent la mienne à la pensée que je meurs *religieuse consacrée à Dieu.* Comme je suis heureuse, en ce moment, d'avoir suivi ma chère et bien-aimée vocation! Je te dis ceci pour te demander, encore une fois, de penser sérieusement devant Dieu si, toi aussi, tu n'as pas reçu ce don précieux. Je t'en conjure, ne perds pas tes belles années. Si tu es appelé, hâte-toi de répondre. Ne compte pas sur toi, mais sur la bonté infinie de Notre-Seigneur qui te soutiendra dans les moments difficiles; je crains que tu ne te laisses trop dominer par un sentiment de défiance; tu penses trop que tu seras seul dans les difficultés qui se présenteront. Sois donc rempli de confiance, tu ne seras jamais seul; non, non, Dieu sera là pour te soutenir, la sainte Vierge t'assistera toujours, et surtout, tu seras bien vite au terme!

Alors, je t'assure, tu ne regretteras que de n'avoir pas plus souffert pour un Dieu si bon !

» Je termine cette pauvre petite lettre, écrite avec beaucoup de peine; tu ne m'en voudras pas d'être revenue encore sur la question qui me préoccupe tant. Ah ! si tu savais comme en ce moment je vois les choses sous un autre point de vue, et combien tes vrais intérêts me touchent !

» A Dieu, à Dieu; oui, soyons à Lui sans partage; tu sais les sentiments qui remplissent mon cœur pour toi, ils s'expriment trop difficilement pour que j'entreprenne de le faire.

» Ta sœur, ta meilleure amie,

» LOUISE.

» Rse du S.-C. »

En recevant cette lettre, M. Mallac apprit que la nuit précédente, Louise avait été fort préoccupée du sort d'une pauvre femme dont le mari venait de mourir, dans une province assez éloignée, la laissant dépourvue de toute ressource, avec dix enfants à soutenir. Heureux de trouver l'occasion d'offrir pour la guérison de sa sœur chérie une nouvelle œuvre de charité, au sortir de Conflans, il prend le chemin de fer, voyage toute la nuit, arrive à l'improviste au milieu de la famille désolée qui, d'abord saisie de frayeur, le prend pour un homme de justice, puis, se demande naïvement, dans sa surprise reconnaissante, si ce n'est point le bon Dieu, descendu du ciel pour les secourir. Cette bonne œuvre réjouit sensiblement notre chère Louise, elle veilla avec une touchante sollicitude à ce que le bien commencé ne demeurât pas inachevé, et, peu de jours avant sa mort, l'une de ses dernières recommandations à son frère, fut de ne point oublier la pauvre famille.

Désormais, elle put, sans contrainte, nous entretenir de son prochain départ pour la patrie : « Quel bonheur, répétait-elle, on ne me parle plus de guérir, mais de mourir. Ah! ma seule crainte serait de revenir à la vie!.... Quoi! je touche le ciel et il me faudrait retomber sur cette triste terre!... »

Cependant, toujours abandonnée, elle

régla ses désirs sur la volonté divine.

Deux jours après la cérémonie, sa sœur aînée et son beau-frère, apprenant les rapides progrès du mal, accoururent à Conflans pour offrir à leur vénérable mère les consolations de leur filiale tendresse. Ce fut en présence de la malade que l'on vint annoncer leur arrivée à notre digne Mère ; aussitôt se tournant vers Mme Mallac, Louise lui dit avec une animation inaccoutumée : « Vous connaissez mes sentiments, de grâce ne souffrez pas que l'on sollicite pour me voir aucune dispense ; c'est à nous de nous y opposer sans laisser aux supérieures la peine du refus. Je suis religieuse, je *dois* et je *veux* mourir dans le parfait accomplissement de ma règle? » Mais ses intentions, avant même d'être exprimées, avaient été comprises ; elles furent religieusement respectées ; sa pieuse sœur ne témoigna jamais le désir d'obtenir une consolation que son cœur eût pourtant vivement appréciée.

Dès le début de sa maladie, Louise avait manifesté les mêmes sentiments de complète abnégation : la sollicitude de nos Mères avait placé Mme Mallac au chevet de sa chère enfant; celle-ci craignant que cette disposition ne portât atteinte à l'édification commune : « J'ai une grâce à vous demander, dit-elle un jour à sa supérieure, c'est que maman ne me soigne plus. Ce n'est point pour moi que je vous fais cette prière, car je me suis toujours efforcée de recevoir les soins de ma mère comme ceux d'une autre religieuse, mais c'est pour l'exemple. » Notre digne Mère l'assura que ses craintes n'étaient nullement fondées, et comme son obéissance était aussi parfaite que son dégagement, elle n'eut plus à ce sujet aucune inquiétude.

Le 12 décembre nous crûmes que notre chère Louise touchait à ses derniers moments; on lui donna l'indulgence *in articulo mortis;* sa joie redoubla : « Oh! que cette grâce m'a fait de bien, dit-elle, j'ai la confiance que le bon Dieu a oublié toute ma vie. »

La nuit du 13 au 14 décembre ne fut qu'une longue suffocation; dans la journée elle dicta à sa mère les lignes suivantes; elle les signa et les fit remettre à son frère :

« Conflans, 14 décembre 1861.

» Mon cher ami,

» Je ne saurais te dire tous les sentiments que ta chère lettre a produits dans mon âme. Je voudrais avoir la force de te les exprimer. Tu sembles me demander encore ce mot que je t'ai dit sous la lumière de Dieu. Maintenant, je te le demande instamment : ne t'arrête pas à des considérations secondaires pour entraver ta marche. Je pense pour toi, avant tout, à l'appel de Dieu, à l'immense bienfait d'une vie religieuse.

» Adieu, je te quitte parce que je ne puis plus longtemps appliquer mon esprit, mais tu ne saurais douter des sentiments de mon cœur. Je compte sur tes prières, elles me sont d'un grand secours.

» LOUISE.

» Rse du S.-C. »

Malgré les prévisions humaines, son martyre ne devait pas sitôt finir; victime volontaire, elle s'était dévouée à la mort pour assurer le bonheur d'une âme qu'elle aimait, et de nouvelles souffrances étaient encore nécessaires. Elles correspondirent, par leur intensité, à la violence des luttes décisives qui les causaient, et plus d'une fois déconcertèrent la science des médecins, contraints de reconnaître qu'elles n'avaient aucune proportion avec les indices de la maladie. Six semaines d'agonie s'écoulèrent ainsi jusqu'à la mort; mais ces jours marqués par un redoublement de souffrances, le furent aussi par une surabondance bien sensible de faveurs célestes. Ce n'était qu'avec un profond respect que nous approchions de ce lit de douleur, où l'on sentait en quelque sorte la présence du Dieu de toute consolation; le spectacle de ces cruelles angoisses, supportées avec tant de résignation, de patience et de bonheur, nous a enseigné le pouvoir de la grâce sur un cœur fidèle, en même temps qu'il nous a révélé la perfection à laquelle notre chère Louise était parvenue. « Il suffit d'un seul acte de charité parfaite pour aller immédiatement au ciel, » disait le R. P. de Ponlevoy à M. Mallac dans les jours qui suivirent la mort de notre bien-aimée sœur, « et, d'après ce que j'ai appris de ses supérieures, je suis fondé à croire que sa maladie tout entière, si longue et si douloureuse, a été un acte continu de charité parfaite. »

Cette persuasion que nous n'aurions osé exprimer, nous est doublement précieuse; chaque jour, en effet, par un dessein spécial de la miséricorde divine, il nous a été donné de recueillir près de la sainte mourante, de nouvelles manifestations de la divine charité qui remplissait son cœur : manifestations d'amour ardent, de patience, de force et de constance, de dégagement parfait, d'abandon, de zèle, d'humilité, de renoncement à soi-même, de compassion et de charité pour les autres ; vertus dont elle nous avait donné de si touchants exemples pendant sa vie, et qui brillèrent alors d'un plus vif éclat. Avant de raconter la sainte mort qui a couronné une existence si pure et si bien remplie, nous voudrions consigner ici dans toute leur fraîcheur et leur suavité ces derniers et précieux souvenirs. Ils sont simples comme celle qui nous les a laissés; trop multipliés, peut-être : mais on nous le pardonnera ; ces traits d'édification étaient aussi nombreux que les paroles et les moindres actes de notre sœur chérie.

« Oh ! combien est puissant l'amour de Jésus quand il est pur et sans aucun mélange d'amour et d'intérêt propre ! » s'écrie le pieux auteur de l'Imitation ; en nous rappelant ce que nous avons vu, nous pouvons redire les mêmes paroles : Oui, l'amour de Jésus a été tout-puissant dans cette âme privilégiée, parce qu'il était dégagé de tout mélange d'amour ou d'intérêt propre. Elle n'aimait et ne voulait que son Dieu, et s'élevait à lui par la pureté de ses désirs et la simplicité de ses affections. Ce fut cet amour qui la fortifia en présence de la croix, et la rendit comme impassible sous l'action de la souffrance. Toujours maîtresse d'elle-même, elle savait, dans les crises les plus violentes, dominer jusqu'à ses mouvements, et nulle trace d'agitation extérieure ne trahissait les tortures auxquelles elle était alors livrée.

Parfois elle disait doucement : « Ah ! que je souffre !... » Nous n'avons jamais entendu d'autre plainte s'échapper de ses lèvres. Dire que dans le cours de cette longue maladie, notre bien-aimée sœur ne nous a laissé apercevoir aucun signe d'impatience ou de contrariété, ce serait s'exprimer bien faiblement : notre digne Mère nous a assuré ne lui avoir vu commettre aucune imperfection; jamais le plus léger nuage ne vint troubler sa parfaite sérénité. « C'est une simplicité d'enfant, disait sa vénérable mère, elle fait tout ce qu'on désire, sans penser à avoir une volonté. Elle va de tout à Dieu, offrant ses continuelles souffrances pour l'Eglise, pour cette maison, pour son frère dont elle parle souvent. »

Notre-Seigneur lui avait accordé la grâce, non-seulement de se résigner, mais de se réjouir dans cet état; il se plut d'abord à la combler d'ineffables consolations : « Ah! si vous saviez, aimait-elle à redire, combien Il se montre généreux à l'égard de sa pauvre enfant! » L'une de ses sœurs lui dit un jour : « Vous êtes sur la croix, je vais bien prier le divin Maître d'y rester avec vous. » — « Il y est, reprit-elle vivement, Il y est toujours! » Elle répétait souvent : « Qu'il est bon de souffrir avec Jésus, de s'abriter derrière sa croix! » L'approche d'une nuit douloureuse la remplissait d'allégresse : « La nuit dernière a été horrible, celle-ci s'annonce plus mauvaise encore; croiriez-vous que je n'ai pas la moindre appréhension; je suis contente de penser que je vais avoir l'occasion de m'unir plus intimement à Notre-Seigneur. » Le matin, elle en rendait compte d'un air radieux : « C'est une *bonne* nuit. Que je suis heureuse! Je vais très-mal pour le corps, très-bien pour l'âme. » Après de longues heures passées sans sommeil dans les accès d'une fièvre dévorante, elle disait : « Oh! que j'aurais regretté de dormir; je n'ai fait que souffrir pendant la nuit entière, mais j'aurais été *désolée* d'en perdre un seul instant. Notre-Seigneur, la Sainte Vierge et mon bon Ange étaient là; j'ai fait avec eux toutes mes conventions pour le moment de ma mort; je m'y prépare ainsi peu à peu. » Plus que jamais elle rappelait sa maxime favorite : « Souffrir passe, avoir souffert ne passe pas. » Mais instruite par une heureuse expérience, elle ajoutait : « Ah ! que la croix attire de bénédictions ! Notre-Seigneur n'est pas loin de l'âme qui souffre ; Il est si près qu'il semble qu'on le touche, qu'on va le voir. » Les paroles lui manquaient pour exprimer sa reconnaissance envers le Dieu de miséricorde qui imprimait si profondément en elle le sceau des élus : « Que Notre-Seigneur est *bon* de m'avoir donné, de me donner encore de ces jours de souffrances ! » Et elle prononçait ces mots : Qu'il est *bon !* avec une sorte de ravissement. « J'ai eu ; disait-elle un jour, deux heures de détresse et d'angoisses si vives, que deux personnes ont dû me soutenir debout ; mais, par une grâce de Dieu, moi qui ne puis pas beaucoup prier de suite, je n'ai pas quitté un instant le tabernacle ; j'ai même pu faire le chemin de la croix et arriver jusqu'aux dernières stations. Oh ! que j'ai eu de consolations pendant cette nuit bénie ! Notre-Seigneur m'a donné dans ce pauvre lit un avant-goût du Paradis !... La souffrance corporelle n'est rien; j'étais brûlée, broyée par la fièvre; mais mon Dieu était avec moi; je n'ai jamais senti plus intimement sa présence. » Puis elle ajoutait avec humilité : « Il ne faut pas m'en attribuer le mérite; oh! non, vous savez bien que ce n'est pas Louise Mallac qui peut agir ainsi, mais la grâce avec elle. » Il y eut pourtant quelques jours où cette grâce sensible parut tarie; peu de temps avant Noël, une indicible tristesse d'âme vint s'unir aux souffrances du corps. La fatigue et l'exaspération que lui causait la fièvre qui la consumait, augmentaient sa lassitude intérieure, il lui semblait que Notre-Seigneur se fût retiré. Elle nous demanda, à plusieurs reprises, de beaucoup prier pour que Dieu lui conservât la patience : « Ne faites pour moi qu'une seule prière; dites chaque soir avant de vous endormir : Mon Dieu, donnez-lui la patience! » Une fois, elle s'écria avec une expression de détresse saisissante : « Priez, parce que, dans ce moment, c'est Louise Mallac toute seule qui souffre. » On pria, et bientôt le calme reparut.

Elle s'affligeait, croyant avoir perdu son amour pour la croix : « Hélas! disait-elle, je ne lui fais plus bon accueil; tout ce que je puis, c'est de ne pas la rejeter. » Pourtant, elle la chérissait toujours, cette croix; elle la pressait sur son cœur et ne voulait plus s'en séparer. Notre digne Mère lui dit un soir qu'elle allait faire, avec la communauté, un exercice spécial pour lui obtenir un peu de sommeil et de tranquillité : « Non, répondit-elle vivement, non, je vous en conjure.... c'est la nuit, surtout, que je puis offrir quelque chose à Notre-Seigneur; ne demandez que l'accomplissement de la volonté de Dieu; je ne désire aucun soulagement, je veux souffrir; que j'aie seulement la grâce de rester volontiers sous cette action crucifiante et de ne pas perdre la patience.» Son désir fut exaucé : cette douce vertu, compagne inséparable du Sauveur, ne la quitta point; calme et résignée, recevant avec une humble reconnaissance tous les maux qu'il plaisait au Seigneur de lui envoyer, elle avait compris le secret de la paix dans le sacrifice, du repos sur la croix, et bénissait encore la main miséricordieuse qui s'appesantissait sur elle : « J'ai toujours eu tant de bonheur, disait-elle, il faut bien que je souffre avant de mourir. » Mais une douleur sans cesse renouvelée, mille fois plus pénible que celles qui lui étaient personnelles, déchirait profondément son cœur filial : comme Jésus crucifié, elle avait pour témoin de ses angoisses une mère qu'elle ne pouvait emmener au ciel : Mme Mallac était près de sa fille, l'assistant de soins, de prières, de prévenances dont le cœur maternel a seul le secret. Que de fois Louise nous a dit : « Pauvre mère! cela me tue de la voir là; pour moi, je suis heureuse de souffrir, mais son agonie est par trop longue !... Ah ! je le sens, il faut que je retrace jusqu'à la fin, dans les limites de mon infirmité, la passion de Notre-Seigneur !... »

Une fois elle ajouta : « Priez pour que ses souffrances aient bientôt un terme; cependant, demandez-le *si c'est la volonté de Dieu.* » Elle répéta jusqu'à trois fois ces dernières paroles, appuyant sur chaque syllabe d'une voix fortement accentuée. Une nouvelle épreuve était réservée à l'une et à l'autre, épreuve toute providentielle, ménagée par la tendresse d'un Dieu, jaloux d'offrir aux âmes qu'Il aime, des occasions de lui montrer l'héroïsme de la fidélité.

Le 27 décembre, Mme Mallac est prise à l'improviste de la fièvre scarlatine, qui la retient pendant plus de deux semaines à quelques pas de ce lit d'agonie, où, chaque jour, nous attendions le dernier soupir de sa chère enfant. Lorsque notre digne Mère exprima à Louise toute la peine qu'elle éprouvait d'une si cruelle séparation, celle-ci lui répondit : « Notre-Seigneur dispose de tout pour le mieux; j'avais toujours craint d'être un peu atteinte par la nature dans mes rapports avec ma mère; Dieu m'en prive, je mourrai dans un plus parfait dégagement. » Mais si sa foi et son amour l'élevaient au-dessus de la tendresse filiale, son cœur n'en était pas moins uni à celui de sa mère; chaque soir, elle chargeait une personne de la communauté d'un petit message pour elle : « Dites-lui que nous restons bien unies sur la croix!... Notre-Seigneur à ses desseins en nous séparant; il demande de l'une et de l'autre un sacrifice parfait. » Souvent elle s'informait avec une touchante sollicitude de l'état moral de sa bonne mère, et indiquait les précautions à prendre si le Seigneur disposait d'elle avant son rétablissement. « Il faudra faire mon enterrement par le jardin, disait-elle, et surtout, éviter de sonner, cela lui briserait le cœur! » Elle cherchait aussi comment on pourrait la consoler après sa mort.

De son côté, Mme Mallac, accablée par cette nouvelle croix, mais pleinement soumise, ne se montrait préoccupée que du bien spirituel de sa chère fille : « Oh! qu'il faut veiller attentivement, répétait-elle, à ce que nulle de ses souffrances, nul de ses actes ou de ses pensées ne soient détournés de Dieu; ces derniers moments sont si précieux!... Elle est bien préparée, mais elle pourrait avoir quelques sentiments d'amour-propre.... Ah! qu'elle ne ravisse rien à Notre-Seigneur!... »

Nous sollicitions comme une grâce le bonheur d'approcher une dernière fois notre chère mourante, de lui confier nos messages pour le ciel; elle les recevait avec une grâce charmante, et promettait de s'en acquitter fidèlement: « Je porte toutes vos intentions dans mon cœur; oh! comme j'aurai à parler longtemps de Conflans au ciel, comme je prierai pour cette maison où j'ai reçu tant de bienfaits! Je le fais déjà sur la terre. Je ne sais pas dire certaines choses, remercier comme je le sens; il faut que je me hâte d'aller auprès de Notre-Seigneur pour témoigner toute ma reconnaissance aux personnes qui ont eu la charité de m'aimer sur la terre. » On lui dit un jour qu'elle serait notre ange gardien, que nous lui adresserions toutes nos requêtes et qu'elle nous apporterait les grâces du bon Dieu. « Oui, répondit-elle, je lui demanderai de venir vous voir et je serai le *chargé d'affaires de Conflans.* » Une de ses Sœurs la pria de solliciter à son intention une grâce qu'elle lui désignait : « Non, répliqua Louise avec un à-propos vraiment extraordinaire, je ne demanderai pas cette grâce, mais telle autre qui vous sera plus utile. » Elle parut une fois s'étonner de ce que l'on se recommandât ainsi à ses prières : « Commencez, dit-elle, par me tirer du purgatoire. — Vous craignez donc le purgatoire, reprit-on; franchement, croyez-vous y aller? » Elle sourit et répondit : « Je le mérite, mais j'espère de la miséricorde de Notre-Seigneur en être préservée. »

Elle avait conservé d'elle-même la plus basse opinion et se croyait dépourvue de tout mérite : « Je n'ai, disait-elle souvent, que le juste nécessaire pour être sauvée; je n'aurai d'autre récompense en paradis que celle des enfants qui meurent aussitôt après leur baptême. Mais qu'ai-je donc fait pour que Dieu m'ait accordé tant de grâces?... Quoique j'en fusse complètement indigne, j'ai reçu, par la profession, le complément de la vie religieuse; je n'ai jamais eu de croix; bien au contraire, j'ai toujours été heureuse; si cela eût continué, je serais morte de bonheur, et maintenant je vais au ciel!... N'y a-t-il point d'illusion à être si tranquille après la vie inutile que j'ai menée? » Elle la comparait, cette vie, à une page blanche, à une petite poignée de poussière que le vent emporte. Ses souffrances n'étaient à ses yeux qu'une expiation et non un mérite : « Il faut donc que j'aie beaucoup offensé Dieu, disait-elle quelquefois, pour qu'Il me fasse tant souffrir; oui, nous avons tous beaucoup à réparer. »

Fidèle au recueillement même en ces jours de douleurs aiguës, elle bannit toute conversation et même toute pensée étrangère à la piété. Lorsqu'elle eut des assurances certaines de sa fin, elle dit à l'une de nos Mères : « J'ai la tête parfaitement libre, je puis beaucoup méditer; aussi vais-je faire, depuis ce moment jusqu'à celui de ma mort, un petit règlement pour mes pensées. »

Chaque soir elle préparait avec notre digne Mère la manière dont elle devait s'occuper intérieurement pendant la nuit. Dans ces pieux entretiens, elle exprima souvent des pensées ravissantes. Un jour, elle devait offrir à Notre-Seigneur un petit souper dont l'amour ferait tous les apprêts : l'amour souffrant, l'amour pénitent, l'amour confiant, l'amour jouissant, etc., étaient les mets qu'elle comptait, selon les circonstances, présenter au bon Maître. Un autre jour, elle se comparait au petit agneau que l'on va tondre; elle préparait dans son âme les dispositions pour se laisser immoler par la souffrance, selon le bon plaisir de Dieu. Plus tard, elle médita les sept paroles de Jésus sur la croix, mais elle passa la première : « Mon Père, pardonnez-leur...; car, dit-elle, je n'ai rien à pardonner à personne, je n'ai eu que des amis. » Longtemps elle s'arrêta à celle-ci : « J'ai soif, » qui répondait si bien à l'une de ses plus cruelles souffrances. Dans ses moments d'angoisse morale, elle aimait à s'unir à l'agonie du jardin des Olives, répétant aussi : « Mon Père, non pas ma volonté, mais la vôtre !.. » Deux jours avant sa mort, elle dit : « Nous approchons du *consummatum est*, quel bonheur !... »

Elle avait conservé un profond souvenir des précieux soins que le vénérable P. de Ravignan avait, pendant six ans, donnés à nos âmes; elle goûtait sa doctrine, et, plusieurs fois, depuis le commencement de sa maladie, elle avait relu sa vie; le récit de ses derniers moments était l'objet de sa prédilection, elle y revenait souvent et s'efforçait de conformer ses dispositions à celles qui animaient alors ce saint et vénéré Père. Elle s'occupa d'abord avec lui de cette pensée : « Notre-Seigneur est bon, Il est bien dans le ciel, cela me console d'être mauvais et mal sur la terre. » Comme lui, elle répétait aussi : « Je ne veux pas que la nature me touche ; » comme lui encore, elle ressentait une joie indicible à la pensée qu'il n'y avait plus pour elle aucun espoir de guérison, et lorsqu'un mieux sensible semblait s'annoncer, elle devait lutter contre une certaine inquiétude. Elle méditait souvent avec bonheur la petite feuille intitulée : *Pensées pour le temps de la maladie.* Elle y a trouvé beaucoup de secours, surtout dans les premiers mois, où l'incertitude sur l'issue de son état lui fut si pénible. Plus tard, dans ses grandes angoisses, elle y puisait encore des motifs d'encouragement : « Je veux, comme notre bon Père, dire toujours : En vous, Seigneur, en tout temps, en tout lieu, sous toutes les impressions, je me dirigerai, je me reposerai et j'attendrai. Oui, j'attendrai, car je crains qu'il n'y ait un peu d'imperfection dans mes ardents désirs de mourir, le meilleur est de demeurer sous l'action de la volonté divine ; je ne veux plus rien désirer, je resterai là tant qu'il plaira à Dieu. » Notre digne Mère lui suggéra alors d'accepter cette destruction lente et douloureuse pour honorer le souverain domaine de Dieu sur toutes choses ; cette pensée lui plut, elle y trouva beaucoup de force et de consolation. Au commencement de janvier, nous eûmes l'inspiration de tenter un dernier effort pour obtenir sa guérison par l'intercession du R. P. de Ravignan. Elle nous répondit : « Je suis tranquille ; notre bon Père comprenait trop le bonheur de mourir et de s'unir éternellement à Dieu pour solliciter mon retour à la vie ; vous ne ferez que hâter mon bonheur. » En recevant sa relique, elle dit en souriant : « Il va m'attirer au ciel. » Effectivement, la nuit suivante fut plus pénible, et elle nous raconta que dans un moment d'assoupissement, elle avait cru voir Notre-Seigneur répandant sur son lit une multitude de jolies petites fleurs. « J'ai compris, ajouta-t-elle, que c'étaient des souffrances que le P. de Ravignan m'envoyait, et non la guérison. »

Le zèle pour le bien des âmes la préoccupait encore; ses entretiens avec les personnes qui venaient la visiter, roulaient presque toujours sur le bonheur d'appartenir à Dieu et la nécessité de vivre de la foi. « Voyez, nous disait-elle, je vais mourir, tout me quitte, Jésus-Christ seul me reste, lui qui m'a été toutes choses pendant la vie. Oh ! je vous en conjure, faites ce que j'aurais dû faire et que je n'ai pas fait : ne vous attachez qu'à Lui. Il est notre ami durant les jours d'exil, notre récompense à l'heure de la mort. Comme on connaît clairement ces vérités à la lumière de l'Extrême-Onction !... que je regrette de ne les avoir véritablement comprises qu'à cet instant; mais je tâcherai de bien employer le temps qui me reste encore; puis, je compte sur l'infinie miséricorde de Notre-Seigneur. » — « Qu'il y a donc peu de personnes qui agissent purement pour Dieu! s'écria-t-elle un jour; beaucoup travaillent et se dévouent, mais qu'il est difficile de ne se rechercher en rien! » Dans les courtes entrevues qu'elle eut, durant sa maladie, avec sa sœur Joséphine, elle lui recommandait sans cesse de ne vivre que pour Dieu, de le chercher en toutes choses avec une grande pureté d'intention, de s'effacer, de s'oublier, de se perdre dans la foule, de ne jamais rien donner à la nature, d'être religieuse en tout et toujours, de ne demander à Dieu que le parfait accomplissement de sa sainte volonté. « Apportez, lui disait-elle encore, de la ferveur au service de Dieu; il faut beaucoup prier, et lorsqu'il en coûte, persister dans la prière... Quelle folie d'agir pour les créatures!... Dieu est tout, le reste n'est rien!... » Ainsi, jusqu'au dernier moment, elle donnait des preuves de cette tendre et véritable affection qui n'avait jamais recherché que les vrais intérêts de ceux qu'elle aimait.

Un jour, la sœur infirmière lui disait qu'elle serait bien heureuse de la soulager en prenant pour elle-même une part de ses souffrances. « Ne formez pas un tel désir, répondit-elle ; moi, je dois souffrir, et vous, vous devez travailler; dépensez-vous pour Notre-Seigneur autant qu'il vous en donnera la force; mais que ce soit pour Lui seul, autrement tout serait perdu. »

Rien ne saurait exprimer la délicatesse de sa charité à l'égard des personnes qui lui donnaient des soins. Toujours satisfaite et reconnaissante, chaque fois qu'elle recevait le moindre service, elle demandait pardon de la peine qu'elle croyait avoir causée, et, jusque dans les bras de la mort, ayant peine à articuler quelques mots, sa bouche s'ouvrait encore pour dire affectueusement : « Je vous remercie. » Quand de nouvelles personnes se présentaient pour la veiller durant la nuit, elle les accueillait de la manière la plus gracieuse : « Ah ! que je suis contente de vous revoir, je le désirais tant ! » Oubliant ses propres souffrances, elle les obligeait à prendre un peu de repos, se chargeant du soin de les réveiller avant minuit, afin qu'elles pussent prendre quelque chose quand elles devaient communier le lendemain. Attentive à tout, elle voulait s'assurer par elle-même que rien ne manquait à ce qui leur avait été préparé. Si les infirmières, n'accédant point à ses désirs, persistaient à veiller, elle cherchait à leur abréger la longueur des nuits : « Allons, disait-elle, je vais faire quelques efforts; parlons de Notre-Seigneur; mais ne craignez pas de manquer à nos saintes règles, j'ai toutes mes permissions. » Le matin, elle exprimait encore sa reconnaissance, disant : « J'ai été parfaitement soignée cette nuit. » Et cela avec une telle effusion de cœur, que chacune se retirait avec l'assurance d'avoir rempli sa mission le mieux possible. Inspirée par ce même esprit de charité et de délicatesse, chaque soir elle demandait à la Sainte Vierge de ne point mourir pendant la nuit, afin de n'occasionner aucun dérangement dans la maison. Une autre pensée l'occupait encore : la saison était alors extrêmement rigoureuse; craignant que les personnes qui assisteraient à son enterrement ne s'en trouvassent incommodées, elle fit plusieurs neuvaines à sa bonne Mère pour obtenir un beau temps le jour de ses funérailles. Nous verrons bientôt avec quelle touchante bonté Marie se plut à l'exaucer.

Deux de nos sœurs étaient alors retenues à l'infirmerie ; notre chère malade s'informait de leur état avec une tendre sollicitude et réservait à leur intention les petites douceurs qu'on lui avait destinées ; puis, à l'heure de la récréation les leur faisait remettre avec une délicatesse pleine de charmes. Bien des fois, elle leur envoya des paroles de consolation : « Dites-leur de ne point s'affliger de ma perte ; aussitôt que je serai arrivée au ciel, je penserai à elles d'une manière toute spéciale ; je leur serai bien plus utile que sur la terre. » L'une d'elles occupait une chambre voisine de la sienne ; Louise s'efforçait de ne faire aucun bruit afin de ne point la déranger ; peu de jours avant sa mort, voyant les infirmières constamment occupées autour d'elle, souvent elle manifesta la crainte que l'on n'oubliât la bonne sœur : « Allez donc près d'elle, il me semble qu'elle est plus souffrante. » Dans sa charitable sollicitude, elle fit même promettre à Mme Mallac et à l'une de nos Mères de la remplacer, quand elle ne serait plus, auprès de la malade, et de lui rendre les visites assidues qu'elle avait coutume de lui faire pendant sa vie. S'apercevant que les personnes qui venaient la voir étaient souvent transies par le froid, elle cherchait à réchauffer leurs mains dans les siennes qui étaient brûlantes. « Il faut bien, disait-elle, que ma fièvre serve à quelque chose. » Elle se montrait extrêmement sensible au souvenir de ses plus jeunes Sœurs : « Oh! dites-leur bien que je les aime toutes, que je ne les oublierai jamais; oui, je prierai beaucoup pour elles. »

L'attrait pour la pauvreté qui l'avait toujours caractérisée, ne l'abandonna point dans ces derniers moments. Elle s'affligeait de voir préparer pour elle des choses particulières, que l'obéissance seule lui faisait accepter, et voulait qu'on ne la servît que par petites portions, afin que rien ne fût perdu. Pendant une neuvaine, M. Mallac lui avait envoyé une statue de la sainte Vierge d'un très-beau travail. Pour ne point contrister ce bon frère, Louise consentit à la garder près d'elle pour quelques jours; puis elle se hâta de la lui rendre, avec ces mots d'affection : « Si ta petite sainte Vierge avait le don de la parole, elle t'entretiendrait de moi très-longuement, et surtout, te dirait qu'elle a souvent entendu parler de toi. » M. Mallac, toujours ingénieux à trouver de nouveaux moyens de distraire sa sœur, lui faisait fréquemment remettre des collections de saintes images. Louise, après en avoir obtenu la permission, les distribuait avec sa grâce habituelle. Quoique éloignée depuis longtemps de tout rapport avec nos chères élèves, elle avait continué à suivre d'une sollicitude toute spéciale l'une de ses anciennes enfants du petit pensionnat. Son zèle ne lui permettait pas d'oublier qu'elle l'avait préparée à sa première confession, et chaque année, au jour anniversaire de sa naissance, elle la conduisait à la chapelle des enfants de Marie. Là, après lui avoir remis un cierge allumé, elle lui faisait réciter une consécration à la sainte Vierge et renouveler ses vœux du baptême. Cette dernière année, pour suppléer à la petite cérémonie et consoler notre chère enfant, elle lui envoya une image de saint Louis de Gonzague, en y joignant l'assurance du souvenir qu'elle lui garderait dans le ciel.

Son amabilité semblait croître en proportion de ses souffrances : « Je ne suis jamais plus gaie que pendant la maladie, répétait-elle; ma seule peine est celle que je donne aux personnes qui m'entourent. » Elle aimait beaucoup ce qu'elle appelait ses petites récréations spirituelles, où elle parlait avec transports de son amour pour Notre-Seigneur, sa sainte Mère, son bon Ange, et saint Louis de Gonzague son patron. Souvent elle s'écriait : « Que ce sera bon de les voir, de les contempler pendant toute l'éternité! » Elle regrettait quelquefois de ne pouvoir s'unir à nos fêtes et à nos chants : « Je repasse avec bonheur de pieux cantiques, disait-elle alors, ils me dilatent et me consolent; une de mes joies au ciel sera de les chanter. » Elle conserva longtemps, attachée au rideau de son lit, la copie de celui qui exprime les dispositions d'une âme abandonnée à la volonté de Dieu, ainsi que les petits vers suivants qu'elle se fit lire bien des fois. Ces quelques strophes, où la piété des sentiments fait oublier l'incorrection de la rime, sont la dernière pensée de Mme Laure d'Aviernoz, religieuse du Sacré-Cœur, décédée à Rome en 1852 ; elle les composa trois jours avant sa mort :

Il me faut quitter cette vie :
Le divin Maître ainsi le veut.
C'est vers la céleste patrie
Que doivent me porter mes vœux.

Pour faire un aussi long voyage,
Quel moyen dois-je préférer ?
Il est vrai, j'ai peu de bagage.
Mais à pied je ne peux marcher.

La voiture est trop ennuyeuse ;
Les ballons?... J'en mourrais de peur !
La voie de fer?... Elle est ruineuse,
Et la mer me fait mal au cœur.

Je choisis donc pour mon passage
Un transport d'un genre nouveau :
Le Sacré-Cœur est mon partage,
Je m'en fais un petit bateau.

J'y veux monter en assurance,
J'y reposerai dans la paix :
Le pilote a ma confiance,
Il peut voguer comme il lui plaît

D'ailleurs s'il se trompe de route,
Je n'en prendrai point de soucis :
Dans ma barque je suis, sans doute,
Tout aussi bien qu'en paradis.

Pendant sa vie, Louise avait toujours montré une grande prédilection pour le cantique intitulé : *Beau ciel.* Elle ne l'entendait jamais qu'avec de pieux élans de son âme vers la céleste patrie : « Oh! combien je vous remercie de l'avoir fait chanter, disait-elle à la personne chargée de la direction de la musique; quand je serai près de mourir, il faudra me le redire encore. » En effet, sur son lit de mort, elle renouvela sa demande et l'écouta plusieurs fois avec une vive allégresse. A l'approche des solennités, elle faisait l'ordonnance de petites fêtes, célébrées dans sa chambre en l'honneur de la sainte Vierge ou des saints. On parait la statue de Marie, on allumait quelques bougies, et l'on chantait un cantique. La veille de l'Immaculée-Conception, elle apprit elle-même à l'une de ses sœurs celui qu'elle désirait entendre à la louange de sa divine Mère : « Oh ! que cette nuit m'a été douce, dit-elle le lendemain. Je puis prier, malgré mes souffrances, et j'aime surtout à le faire pendant ces heures de calme et de repos. A minuit, j'ai salué la sainte Vierge et j'ai remercié le bon Dieu de l'avoir faite si bonne.» Elle avait souvent manifesté l'ardent désir de mourir le 8 décembre, afin de fêter au ciel sa Mère Immaculée, et même nous avait fait prier à cette intention : « Vous souvenez-vous, lui dit une de ses Sœurs, que la sainte Vierg evous faisait toujours de petits plaisirs à chacune de ses fêtes; peut-être vous accordera-t-elle celui-là? — Oui, répondit-elle avec une grâce charmante; il est vrai qu'il serait bien grand, mais aussi, ce serait le dernier. »

Parfois, dans son aimable abandon, elle nous racontait ses rêves, purs reflets de ses pieux sentiments : une nuit, elle crut voir à l'extrémité d'une haute échelle la sainte Vierge qui l'invitait à venir la rejoindre : « Ah! dit-elle, je comprends!... avant d'arriver au ciel, j'ai encore quelques échelons à monter... ce sont de nouvelles souffrances. » Une autre fois, il lui sembla qu'elle frappait à la porte du paradis : « Qui est là ? demanda Notre-Seigneur. — C'est Louise, répondit-elle. — Quoi, déjà cette pauvrette!... qu'a-t-elle fait pour mériter la récompense? Rien, absolument rien; mais c'est une *pauvre innocente* qui a été si heureuse pendant sa vie, que ce serait bien dommage qu'elle ne le fût pas après sa mort... Qu'on lui mette pour couronne un petit cercle de ruolz, et donnons-lui le paradis!... »

Elle nous avouait que pour se distraire, durant ses longues insomnies, elle pensait à son enterrement. « Vous désirez donc beaucoup nous quitter? lui demanda-t-on. — Vous quitter! répondit-elle, oh! non, vous le savez bien; mais je veux aller voir Notre-Seigneur, et ce désir me dévore. — Et que comptez-vous faire au ciel? — En arrivant, je serai bien un peu embarrassée; mais j'irai me cacher et me perdre dans le Cœur de Jésus, je ne ferai pas autre chose. — N'irez-vous pas aussi près de la sainte Vierge que vous aimez tant? — Oh! elle viendra bien m'y trouver; » reprit Louise avec sa simplicité ordinaire.

Ses pensées étaient toujours aimables et gracieuses : « Je suis, dit-elle un jour à M. l'abbé Surat, semblable à un petit fruit que Notre-Seigneur a voulu cueillir; mais le trouvant encore trop vert, il l'a déposé sur la paille afin de l'y laisser mûrir. » On la vit une fois tenant son chapelet : « Je ne puis prier, mais je tourne mon chapelet entre mes doigts, et sur chaque grain, je fais un petit compliment à la sainte Vierge. Je lui dis : O ma divine Mère, que vous êtes belle, que vous êtes bonne, que vous êtes pure! que je suis heureuse de votre bonheur, que je désire vous voir! Je l'invite à toutes mes petites cérémonies; j'espère bien qu'elle présidera celle de mon dernier soupir. » — « Je sens, disait-elle peu de jours avant sa mort, que la sainte Vierge est tout près de moi, qu'elle m'assiste; je l'aime tant! » Comme par le passé, elle allait à Marie avec la candeur d'une enfant; elle nous disait encore : « Une nuit, je ne savais à qui donner mes souffrances; je passais en revue la société, Conflans, mon frère, les âmes du purgatoire, sans pouvoir me déterminer. Cela m'embarrassait; enfin, j'ai tout remis à la sainte Vierge pour qu'elle en disposât à son gré, et je suis restée tranquille; mais depuis, ajoutait-elle, malgré cette donation, comme la sainte Vierge et moi nous nous entendons très-bien, lorsque je désire beaucoup quelque chose, je lui dis · Ma bonne Mère, je vais vous reprendre cette nuit, j'en ai besoin. »

Les derniers jours approchaient, et nul trouble, nulle inquiétude ne venait altérer la paix de sa belle âme : telle en était la pureté, qu'elle avait peine à trouver quelque faute qui pût être matière du sacrement de pénitence. Cependant, elle ne négligeait aucune occasion de recevoir le bienfait de l'absolution; elle le demandait chaque fois que M. l'aumônier venait la visiter; comme on lui en exprimait de la surprise, elle s'écria avec toute la vivacité de sa foi : « Pensez donc à l'étendue de cette grâce : être purifiée dans le sang de Notre-Seigneur !... » — « Je n'ai rien absolument qui m'inquiète ou me peine, » a-t-elle souvent répété, on me dirait que je vais mourir dans cinq minutes, je demeurerais dans la même tranquillité, je suis toute prête. » Elle exprima seulement deux craintes légères qui nous ont montré, une fois de plus, sa délicatesse de conscience, et son attention continuelle à se mortifier : elle se reprochait amèrement d'avoir une fois demandé, au milieu d'une crise violente, si l'on ne connaissait point quelque remède aux douleurs qu'elle éprouvait. Son second embarras se renouvela fréquemment ; elle craignait d'avoir trop cédé à l'extrême répugnance que lui causait toute espèce de nourriture, et d'avoir par là hâté les progrès de sa maladie. Plusieurs fois elle exposa naïvement ses doutes, et notamment à M. l'abbé Surat. Deux heures avant sa mort, ce fut encore, selon qu'elle le confia à sa bonne mère, le sujet de sa dernière confession. Cependant, sur ce point comme sur tous les autres, nous ne pûmes jamais qu'admirer sa prompte et généreuse soumission. Lorsqu'on lui présentait quelque chose, elle acceptait en souriant et disait : « Si cela peut vous faire plaisir, j'essayerai de le prendre. » Plus tard, alors qu'une seule goutte d'eau provoquait des suffocations terribles, elle s'efforçait encore de se surmonter, et se rendait à ces paroles : « Faites-le par amour pour Notre-Seigneur; vous aurez grâce d'obéissance. »

Son agonie se prolongeait ainsi depuis le mois de décembre, avec des crises toujours plus aiguës; la vie s'en allait par degrés; elle-même sentait ce travail de la mort dans tout son être, la douleur était partout : « Ah! disait-elle, comme il faut souffrir pour mourir! Après avoir reçu l'Extrême-Onction, j'avais la simplicité de croire que j'allais arriver au ciel tout doucement, et je suis encore là!... » Aussi, dans ces dernières semaines, suivait-elle avec une joie indicible chacun des symptômes de sa prochaine destruction; les regardant comme autant de pas vers l'éternité bienheureuse, elle les annonçait gaîment à l'infirmière : « Ma sœur, une bonne nouvelle, ma vue se trouble, je ne puis soulever la tête qu'avec difficulté. » Toutefois, dans la crainte de porter l'atteinte la plus légère à la pratique du parfait abandon, elle s'efforçait de modérer ses ardents désirs, et même, afin de se conformer à l'obéissance, priait encore pour sa guérison.

CHAPITRE X

Mort de Louise.

Les médecins n'avaient point perdu tout espoir, et c'était pour notre chère malade une source de nouvelles souffrances : « J'ai bien besoin de patience et de grâces, nous disait-elle, les médecins me tourmentent tant!... Priez la Sainte Vierge pour moi ; je suis un peu découragée dans ce moment, c'est-à-dire que j'ai peur de guérir; car autrement je veux souffrir tout ce que le bon Dieu voudra et aussi longtemps qu'il le voudra. » Son frère avait désiré une consultation; mais jusque-là Mme Mallac, qui connaissait les sentiments de Louise, s'y était opposée, disant que l'intervention des familles dans les maladies était contraire à l'esprit religieux. Notre digne Mère, levant la difficulté, décida en faveur de la consultation qui fut fixée au 3 janvier, et Louise, toujours obéissante, fit taire ses répugnances. Notre-Seigneur bénit sa soumission : le résultat fut conforme à ses désirs. Elle en exprima toute sa joie : « Enfin, l'on ne m'a rien caché... Que je suis heureuse !... en me quittant, l'un des médecins m'a dit : « Nous allons faire tout ce que nous pourrons pour vous soulager, mais je sais que les religieuses ne craignent pas la mort. » J'ai compris, et je suis dans le ravissement... Ah ! quel bonheur ! si tôt posséder Dieu !... oui, c'est trop de consolation ! » Ce même jour, elle annonça que Notre-Seigneur lui avait rendu son amour pour la croix.

Il lui était nécessaire, cet amour, pour soutenir une épreuve que son cœur redoutait depuis longtemps Mme Mallac était toujours retenue par la maladie, Louise demandait souvent si elle reverrait encore sa bonne mère. « Oui, probablement, lui répondait-on. — Alors, dit-elle un jour, priez pour que dans cette première entrevue, il n'y ait rien pour la nature. » Le 11 janvier, Mme Mallac put quitter sa chambre et se rendre quelques instants près de sa chère enfant. Dieu seul connaît tout ce qu'il y eut de déchirant dans cette réunion. Le mal avait fait des progrès effrayants, et Louise portait toutes les traces de ses cruelles souffrances; Mme Mallac, oppressée par la douleur, se retira sans avoir pu lui adresser une seule parole.

Mais le Dieu qui éprouve, est aussi le Dieu qui soutient les âmes au jour de l'affliction; Mme Mallac, animée de cette force divine qui retenait Marie au pied de la croix, reprit courageusement sa place près du lit de douleur de sa fille mourante. Elle l'assistait durant ces crises pénibles, devenues si fréquentes dans ces derniers jours, lui suggérait de pieuses aspirations, et l'engageait à renouveler souvent le sacrifice de sa vie.

L'avant-veille de la mort, elle insista pour que sa fille essayât de prendre quelques gouttes de bouillon : « Vous voulez donc prolonger ma vie, lui demanda la malade. — Non, chère enfant, répondit-elle, c'est pour vous donner la force de mourir! »

Chaque semaine, Louise était fortifiée par la réception du saint Viatique. La veille de l'Epiphanie, M. l'abbé Surat se trouvant à Conflans, voulut porter lui-même la communion à notre chère Sœur; le lendemain, il lui renouvela la même faveur et parut profondément touché de ses saintes dispositions. Ces consolations divines amenaient une diminution sensible dans ses souffrances. « Je vais mieux aujourd'hui, disait-elle, comme cela m'arrive toujours quand j'ai reçu de grandes grâces. Elles me font du bien à l'âme et au corps. » Ce fut le dimanche, 19, fête du saint nom de Jésus, qu'elle reçut pour la dernière fois sur la terre le Dieu auquel elle allait bientôt s'unir dans le ciel. Elle ne put prendre qu'une parcelle de la sainte Hostie; ce jour-là, tous les traits de la mort étaient déjà empreints sur son visage; la respiration était pénible, le regard fixe et obscurci, elle ne s'exprimait plus que très-difficilement. « Ce sont des signes de fin prochaine, je le sais, » disait-elle avec bonheur.

Le lendemain, 20 janvier, le R. P. de Ponlevoy vint à Conflans et visita la sainte mourante. Saisi de son calme et de ce quelque chose de radieux qui brillait dans son regard, il s'écria : « Vous allez donc voir notre bon Père Ignace et notre Père de Ravignan! n'oubliez pas, je vous prie, mes commissions pour eux. » Louise le lui promit et s'entretint quelques instants avec lui. Au sortir de cette entrevue, le R. P. de Ponlevoy, ne pouvant taire son admiration, terminait ainsi l'instruction qu'il adressait à la communauté :

« Je ne veux pas vous quitter, mes chères Sœurs, sans vous dire un mot de l'édification que j'ai éprouvée en visitant votre sainte malade. Elle approche du terme. Quelle consolation pour elle de mourir dans sa vocation ! Dire sa paix, sa joie serait impossible. Elle semble déjà être à moitié au ciel, et voir d'avance Jésus, Marie, les anges et les saints. Heureuse d'entrer dans la patrie pour acquitter toutes les dettes de sa reconnaissance envers la chère Société où elle a eu le bonheur de vivre, où elle aura bientôt le bonheur de mourir! »

La nuit suivante, à trois heures du matin, la malade eut une crise si violente que l'on crut devoir réciter les prières des agonisants; elle y répondit avec ferveur. Elle demanda à l'infirmière si elle n'avait point le râle. « Oui, lui répondit celle-ci, mais légèrement. — Vous savez bien, dit Louise, que je fais tout en petit. » Ayant recouvré un peu de calme, elle resta seule avec sa sœur Joséphine : « Pauvre enfant, lui dit-elle, vous êtes bien jeune pour voir déjà un aussi triste spectacle que celui de la souffrance et de la mort. Mais voyez aussi combien il est doux de mourir religieuse. Ah! quelle grâce! » Elle pria la sœur infirmière de ne plus la quitter jusqu'à son dernier soupir. Notre digne Mère passa près d'elle cette journée entière; ce fut pour Louise une immense consolation. Souvent elle avait appelé ses visites « une rosée qui la rafraîchissait, un baume qui la fortifiait ; » cette fois encore, elle exprima sa reconnaissance d'une manière ravissante. « Je vous aime beaucoup, lui dit-elle avec une simplicité toute filiale ; dans les commencements, cela m'inquiétait un peu, mais j'ai consulté le R. P. de Ravignan, et depuis ce temps je suis tout à fait tranquille. » Pendant ce petit jour de retraite, car elle l'appela ainsi, Louise écouta avec consolation la lecture que lui fit notre digne Mère de diverses préparations à la mort; elle l'employa surtout à parler du ciel et promit de nouveau d'être notre protectrice auprès de Dieu. Dans cette journée, si consolante pour son cœur, elle avait moins souffert et avait paru recouvrer, avec la facilité de s'exprimer, tout l'enjouement de sa douce amabilité ; Depuis plusieurs jours elle parlait peu et semblait absorbée dans un douloureux recueillement ; ses mains défaillantes ne quittaient plus le crucifix ; elle ne pouvait prier : « Etes-vous bien unie à Notre-Seigneur, lui demanda-t-on. — Oh ! oui, toujours! » répondit-elle avec un accent d'angélique ferveur.

Il y avait près de deux semaines, elle n'avait absolument rien pris, si ce n'est un peu d'eau; un jour, après avoir mis quelques miettes de pain dans sa bouche, elle s'était écriée : « Ah ! c'est pour moi le fiel qui fut présenté à Notre-Seigneur... Désormais ce qu'il me faut, c'est le pain du ciel. » Pourtant elle crut que l'obéissance l'obligeait à tenter tous les efforts pour conserver sa vie, et demanda à l'infirmière si quelque chose pouvait encore la soutenir. « Rien que la nourriture, répondit celle-ci, et vous êtes hors d'état d'en prendre. » Elle réfléchit un instant. « On m'a positivement permis de ne plus me faire violence sur ce point, dit-elle, eh bien! restons-en là. » Le mercredi matin, après une nuit assez calme, Louise, encore occupée de la même pensée, exprima à sa mère la crainte de n'avoir pas suffisamment surmonté ses répugnances : « Je vais essayer, dit-elle, de prendre un peu de pain et de confitures. » Puis, demeurant jusqu'à la fin fidèle à la pratique de la pauvreté, elle ajouta : « Mais donnez-moi des confitures semblables à celles que l'on sert à la communauté, je n'en veux pas d'autres. » Pour calmer cette inquiétude, on accéda à son désir avec tous les ménagements que réclamait son état : elle parut satisfaite de cette nouvelle épreuve. Quelques heures après, elle eut une crise violente; sa mère et les infirmières priaient auprès de son lit. Mme Mallac se souvint de la prédilection de sa fille pour le *Magnificat*, elle le récita : aussitôt le front de la mourante devint radieux, et elle sourit d'une manière ineffable.

Aucune des célestes consolations qui font partie du centuple promis à l'âme religieuse, ne manqua à notre bien-aimée Sœur; elles lui furent prodiguées en abondance. Dans un grand nombre de communautés s'offraient pour elle les prières les plus ferventes ; dans notre chère Société, des Mères dévouées, des Sœurs tendrement affectionnées, sollicitaient à son intention les grâces du divin Cœur; dans cette maison, tous les cœurs priaient, et chaque jour deux personnes se succédaient sans interruption aux pieds de la sainte Vierge et de saint Joseph, patron de la bonne mort; les chemins de croix se multipliaient, et les personnes qui entouraient la malade, rarement laissaient passer un quart d'heure sans réciter près d'elle quelques-unes des prières qu'elle aimait. Elle fut ainsi assistée de ces secours spirituels jusqu'au dernier moment. Souvent elle en témoignait sa vive reconnaissance, répétant qu'elle comptait beaucoup sur nos prières.

Depuis le mois de novembre, M. Mallac était resté à Paris pour attendre l'issue de la maladie et consoler sa mère; il continuait à tenter contre le Ciel une sainte violence par ses prières et ses bonnes œuvres. Chaque jour sa tendresse et sa piété imaginaient quelque nouveau moyen; au mois de janvier, il fit donner une mission à la Seyne-sur-Mer, petite ville près de Toulon, qu'il avait habitée tout l'été; pendant six jours, du 18 au 23 janvier, il retint, à l'intention de sa sœur, toutes les messes qui devaient se célébrer à la résidence des RR. PP. Jésuites de la rue de Sèvres. Le mercredi 22 janvier, il vint à Conflans, l'âme navrée, et dit à sa mère : « C'est demain qu'on dit les dernières messes à la rue de Sèvres... J'ai tout essayé, que puis-je faire encore?... Un pèlerinage en Terre sainte! je ferai mes Pâques à Jérusalem!... Demandez à Louise si elle l'approuve. — Dites-lui, répondit vivement la malade lorsque Mme Mallac lui eut transmis cette proposition, que c'est dans la Jérusalem de la Compagnie de Jésus qu'il doit faire ses Pâques. » M. Mallac recueillit ces paroles avec un pieux respect, comme un ordre du ciel, et donna, du fond du cœur, une pleine adhésion au dernier vœu de sa sœur mourante. La grâce avait triomphé; dès lors, rien ne retenait plus notre chère Louise sur la terre, et le jour de la délivrance allait enfin paraître.

La première partie de la nuit suivante se passa dans les ardeurs d'une fièvre intense; le seul soulagement qu'on pût procurer à la malade, était de lui mettre de temps en temps des morceaux de glace entre les mains.

Vers trois heures, ce feu dévorant avait fait place au froid de la mort; la congestion commençait et tous les symptômes d'une agonie calme et languissante se manifestaient. « Ce n'est plus de la glace qu'il me faut, » dit Louise. On s'efforça, mais vainement de la réchauffer; le jour venu, ses traits décomposés, ses membres toujours inondés d'une sueur glaciale, nous avertirent que le dernier moment ne tarderait plus; notre chère Sœur, qui possédait toute la plénitude de sa connaissance, le sentit elle-même, et, se rappelant sans doute la mort de son saint patron, le bienheureux Louis de Gonzague, dit à l'infirmière : « Nous nous en allons; cette fois, n'est-ce point pour tout de bon? » Un moment, elle interrompit les prières que l'on faisait continuellement près d'elle et témoigna le désir de parler à sa mère. Restée seule avec Mme Mallac, elle l'entretint avec une entière lucidité, pendant quelques instants, de diverses dispositions qu'il conviendrait de prendre à l'égard de Joséphine, de sa famille, de la Société; son esprit judicieux et surtout son extrême délicatesse se revèlent encore dans ces dernières recommandations.

A huit heures, elle eut une première crise ; elle demanda qu'on allât chercher nos Mères. « Pourquoi, chère enfant, dit Mme Mallac. — Parce qu'elles m'ont recommandé de les faire avertir quand je serais dans cet état, » répondit-elle avec un calme parfait ; ainsi, jusque dans les bras de la mort, elle vivait d'obéissance. « Asseyez-vous, ce n'est pas encore le moment, » dit-elle à nos Mères quand elles furent arrivées. Alors, on récita les prières qu'elle avait elle-même désignées à l'avance, pour cette heure suprême : les actes de Foi, d'Espérance et de Charité ; le Souvenez-vous, l'*Anima Christi*, des invocations au sacré Cœur de Jésus, celle surtout par laquelle on unit son dernier soupir à celui de Notre-Seigneur. Elle avait particulièrement désiré entendre les actes suivants qui avaient été suggérés à son vénérable père par un saint directeur, et qu'il avait continuellement répétés au moment de sa mort :

« Mon Dieu, ayez pitié de moi, prenez mes

souffrances en expiation de mes fautes ; mon Dieu, soutenez-moi, et que votre volonté soit faite en la terre comme au ciel. » On commença aussi la prière : « Jésus, Marie, Joseph, etc.; » et comme on s'arrêtait pour lui laisser le temps de s'y unir, on la vit, plutôt qu'on ne l'entendit, répéter distinctement : « Jésus, Marie, Joseph, » et terminer la prière. Quoiqu'elle fût dans un appartement retiré et fort tranquille, vers neuf heures et demie, elle se plaignit, à deux reprises différentes, du grand bruit qui se faisait au-dessus de sa tête ; nous comprîmes que la congestion avançait.

Quelques moments de calme succédèrent à la crise, et Louise se prépara à sa dernière confession ; elle le fit avec sa foi et son respect ordinaires. Elle veilla même à ce que tout ce qui l'entourait, fût dans un ordre parfait. A dix heures, elle reçut, avec l'absolution, une nouvelle application de l'indulgence *in articulo mortis*. Après la confession, M. l'aumônier, faisant allusion aux prières de la recommandation de l'âme, lui adressa quelques paroles consolantes : « Courage, lui dit-il, bientôt les anges viendront vous chercher, ils accourront au-devant de vous et porteront votre âme dans le sein de Dieu. » Elle le remercia avec un sourire qui déjà n'était plus de la terre. L'une de nos Mères lui dit ensuite : « Vous voilà entièrement purifiée, et toute prête à paraître devant Notre-Seigneur ; êtes-vous bien contente ? » Elle sourit encore du sourire de la béatitude et répondit avec une expression céleste de paix et d'allégresse : « Oh ! oui. » Mme Mallac, dans la crainte de quelque accident, s'était tenue pendant la confession, dans la chambre de Louise, mais à l'écart. Celle-ci, probablement en souvenir de sa charge de sacristine, lui dit respectueusement : « Maman, vous êtes restée-là pendant que je me confessais ; il faut toujours sortir. » Puis, avec l'accent d'une tendre affection, elle fit approcher une chaise : « Asseyez-vous tout près de moi ; je veux pouvoir vous regarder jusqu'à la fin. »

Comme aucun signe alarmant ne se manifestait alors, nos Mères se retirèrent. A onze heures, la mourante baissait sensiblement ;

la maîtresse de santé lui annonça qu'elle touchait au terme : « Remerciez bien Notre-Seigneur; pour nous, religieuses, ce n'est pas assez de nous résigner à la mort, il faut la désirer; vous n'en avez plus pour long-temps. » — « Oui, répondit-elle, pouvant à à peine articuler, il y en a encore pour quelques heures. » Elle se trompait, aussi lorsqu'on alla de nouveau chercher nos Mères, elle voulut s'y opposer disant : « Pourquoi les déranger ainsi à toute heure? » Toutefois, elles revinrent, il en était temps; elles s'aperçurent au ralentissement progressif de la respiration que l'agonie allait se terminer. Louise, toujours attentive, sembla les inviter à s'asseoir. Au moment de l'*Angelus*, elle fit signe qu'on la soulevât un peu; c'était l'annonce de la dernière crise; elle fut courte, mais extrêmement douloureuse. On récita de nouveau les prières de la recommandation de l'âme; la mourante, dont les yeux se fixaient de temps en temps sur les personnes qui l'entouraient avec une indicible expression de souffrance, s'y unissait visiblement, s'efforçant même de prononcer quelques invocations et de répondre par signes aux pieuses pensées qu'on lui suggérait. Un moment, on cessa de prier. « Mon Dieu, s'écria-t-elle par trois fois, mon Dieu, mon Dieu!. . » Ce furent ses dernières paroles; elle semblait par là vouloir commencer une prière; on en récita plusieurs successivement; enfin, Mme Mallac prononça à haute voix l'acte de contrition, et Louise exprima par un regard plein de douceur que son désir avait été compris. Un quart d'heure après, sa tête retomba péniblement; à de longs intervalles, trois soupirs se firent encore entendre, et à midi trente-cinq minutes, elle remettait paisiblement sa belle âme entre les mains de son Créateur.

Aussitôt la communauté se rendit à la chapelle, et là, accompagnant de nos plus ferventes prières cette âme bienheureuse dans sa première entrevue avec son Dieu, nous confondions dans le cœur du divin Maître nos vœux, nos regrets et nos espérances.

En ce jour, l'Eglise célébrait la fête des

Fiançailles de la très-sainte Vierge; ce fut donc sous les auspices de sa divine Mère et du saint Epoux de Marie, que Louise se présenta devant le trône de l'Agneau pour contracter l'éternelle alliance.

CHAPITRE XI

Funérailles.

Après que le décès eut été légalement constaté, les restes mortels de notre bien-aimée Louise furent descendus dans une pièce au rez-de-chaussée. Par cette disposition exceptionnelle, nos Mères avaient voulu laisser à M. Mallac la consolation de revoir, une fois encore sur cette terre, la sœur chérie qui l'avait aimé jusqu'à la mort. Conformément à nos usages, le corps de la défunte, revêtu de ses habits religieux, fut déposé sur un lit parsemé de fleurs. Le rêve de son enfance était accompli : ornée de la couronne des épouses de Jésus-Christ, tenant entre ses mains le lis, symbole de sa pureté, le chapelet, gage de son dévoûment à Marie, et le crucifix sanctifié par son dernier soupir, elle était étendue sur cette couche funèbre, près de laquelle nous vînmes nous agenouiller tour à tour pour prier, nous édifier, nous consoler. C'était avec une pieuse vénération que nous contemplions ce front toujours serein, mais sur lequel la souffrance avait laissé des traces profondes. Près de ces restes bénis, tout était calme, espérance et même joie céleste ; nulle amertume dans nos regrets, nulle tristesse dans nos souvenirs ; mais quelle intime confiance dans notre espoir, quelle ineffable allégresse dans notre douleur même ! Ainsi l'un des derniers désirs de Louise se réalisait encore : après avoir été la joie des siens pendant sa vie, elle avait trouvé le moyen de mourir, non sans les affliger, mais en versant dans leurs cœurs d'indicibles consolations. Nous intercédions pour elle, et en même temps nous lui confiions déjà nos vœux les plus intimes. Plusieurs personnes, sous l'impulsion de leur foi et de leur confiance, firent toucher à ses précieuses dépouilles des objets de dévotion qu'elles conservent encore avec un saint respect.

Notre très-révérende Mère générale, alors extrêmement souffrante, ne put, comme elle l'aurait désiré, venir mêler ses regrets à ceux de sa chère famille de Conflans. Notre révérende Mère Desmarquest la remplaça auprès de nous; son arrivée adoucit notre douleur, et ce ne fut point sans un profond attendrissement que nous vîmes cette vénérable Mère prodiguer à Mme Mallac les attentions les plus délicates, les soins les plus touchants.

M. l'abbé Surat se hâta aussi d'offrir à notre digne Mère les consolations de son paternel dévoûment. Il voulut présider lui-même la cérémonie funèbre; il tenait à accompagner jusqu'à sa dernière demeure l'enfant qu'il avait suivie pendant sa vie religieuse avec tant de bienveillance et de sollicitude.

Les obsèques eurent lieu le samedi, 25

janvier, encore sous les auspices de la très-sainte Vierge.

Ce fut moins une cérémonie de deuil qu'une douce et pieuse fête. La mort avait dépouillé son appareil lugubre autour de ces restes vénérés : la solennité du jour (Conversion de saint Paul) ne permit de célébrer les premières messes qu'avec des ornements blancs ; dès le matin, la bière, sur laquelle on avait déposé la couronne, le lis, le chapelet et la croix de profession, avait été placée dans l'ancienne salle du noviciat, servant alors de sacristie, dans ce lieu que Louise avait tant aimé et où, si souvent, elle nous avait édifiées en y exerçant ses emplois. Elle était là, aux pieds de la statue du Sacré-Cœur, nous offrant l'image, ou plutôt la consolante réalité du repos de l'Epouse attendant l'appel de l'Epoux. Notre-Seigneur semblait abaisser sur notre Sœur chérie un regard de complaisance, étendre sa main divine pour la bénir encore, et, lorsque à ces paroles de l'Eglise : « Que le Christ qui vous a élue vous reçoive, que les Anges de Dieu vous conduisent dans le sein d'Abraham...., » le cercueil fut porté à la chapelle, nous croyions entendre le bon Maître répondre avec amour : « Levez-vous, ma bien-aimée, et venez. »

Le saint sacrifice de la messe fut offert par M. l'abbé Surat, dans le même sanctuaire où, l'année précédente, il avait reçu les engagements sacrés de Louise et de sa mère. Tous nos cœurs se reportaient vers l'époque encore si récente de cette solennité; comme aujourd'hui, une pieuse famille entourait cet autel; comme alors, Louise était au milieu de nous, répandant dans nos âmes la douce paix qu'elle reflétait autour d'elle durant sa vie. Les chants du *Dies iræ* et du *De profundis* accompagnèrent la célébration de la sainte messe, après laquelle se firent les prières de l'Absoute. Nous vîmes alors avec admiration Mme Mallac s'avancer à son rang, pour jeter de l'eau bénite sur ces chères dépouilles, sans qu'aucune trace d'émotion pût la faire distinguer des autres religieuses. Elle se disposait même à suivre le convoi ; l'obéissance seule put l'arrêter ; quant à sa fille Joséphine, elle prit place au milieu de ses Sœurs.

Selon le souhait de Louise, le cortége se dirigea vers le jardin; nos orphelines, puis nos élèves ouvraient la marche; le noviciat et la communauté venaient ensuite. Notre révérende Mère Desmarquest, consultant moins ses forces que son cœur, voulut, malgré son grand âge, accompagner le cercueil jusqu'aux dernières limites de la propriété. Il était porté par quatre de nos Sœurs coadjutrices, et quatre professes tenaient les coins du drap mortuaire. Plusieurs membres de la famille, à qui notre digne Mère avait permis l'entrée de notre enclos, suivaient le clergé; au milieu d'eux marchait M. Mallac, dont la douleur profonde, mais calme et résignée, ne se trahit qu'au moment de l'adieu suprême. On longea la grande allée qui traverse le jardin, et, à ce moment, le temps jusqu'alors froid et pluvieux, se radoucit tout à coup; la pluie cessa, et même quelques purs rayons de soleil vinrent éclairer l'horizon. Ainsi la très-sainte Vierge continuait à couronner les moindres désirs de son enfant privilégiée : comme celle-ci l'avait demandé, elle était morte au milieu du jour, avec toute sa connaissance; il ne lui restait plus qu'à rendre à sa divine Mère un dernier hommage de reconnaissance et de fidélité, et là encore, tout fut disposé par la main de Marie.

Nous étions parvenues à l'extrémité de l'allée, vis-à-vis la petite chapelle dédiée à Notre-Dame des Sept-Douleurs ; le clergé de la paroisse se fit attendre quelques instants, et la bière reposa à l'entrée du sanctuaire vénéré : c'était l'adieu de Louise à Conflans. Bientôt la porte de sortie s'ouvrit; nous dûmes céder notre précieux fardeau à des mains étrangères ; alors seulement, nous sentîmes tout le vide et la douleur de la séparation. Nos orphelines et une partie de nos élèves suivirent jusqu'au cimetière de la paroisse ces restes bénis que nous eussions été si heureuses de conserver dans notre solitude ; pour nous, rentrées à la chapelle de la Mère des Douleurs, nous les accompagnions encore de nos prières, ou plutôt nos cœurs s'élevaient vers ce séjour immortel où nous voyions remonter notre ange de consolation. En effet, pendant la cérémonie il nous avait semblé que ce cercueil était vide et que l'âme de Louise, descendue du ciel, présente à tous, sous une forme invisible mais ravissante, nous entraînait à sa suite par une irrésistible et douce attraction, jusqu'au terme fixé pour son retour au sein de Dieu. Qui ne l'avait sentie tout près de soi, radieuse et simple en même temps, disant à chacune : « Ne pleurez pas, je suis à jamais avec Notre-Seigneur; je l'ai vu, j'ai vu la sainte Vierge, je prie pour vous. » Et qui ne lui a répondu : « Merci, de songer encore à nous; oui, nous comptons fermement sur votre puissante intercession; répandez sur nous les bénédictions du divin Cœur; soyez toujours la protectrice de cette maison qui vous fut si chère! »

CHAPITRE XII

Pieux témoignages rendus à la mémoire de Louise, et grâces obtenues par son intercession.

De toutes parts nous recevons, sur la perte que nous venons de faire, l'expression de regrets vivement sentis, toujours mêlés de vénération. M. l'abbé Surat répondait ainsi aux témoignages de gratitude de Mme Mallac :

« Je suis confus et cependant profondément touché des sentiments de reconnaissance dont vous avez cru devoir m'adresser une nouvelle expression. Croyez-le bien, je n'ai que très-imparfaitement rempli mon devoir dans toutes ces circonstances, et je trouve une ample récompense dans le souvenir si doux que m'a laissé cette chère et sainte enfant. C'est comme un parfum d'agréable odeur qui ne me quitte point. Demandez à Dieu qu'il répande sa salutaire influence sur toute ma vie, en me rappelant sans cesse que, moi aussi, je dois être à Dieu tout entier. Je remercie le Seigneur de me l'avoir fait rencontrer sur mon chemin. Puissé-je, un jour, me retrouver avec elle et avec vous toutes dans la sainte compagnie du divin Epoux !

» Que d'actions de grâces, au milieu de votre légitime douleur, vous avez vous-même à rendre à Dieu de vous avoir donné une telle fille ! C'est une rare bénédiction et qui doit s'étendre jusque dans l'éternité.

» Que le saint nom de Dieu soit donc béni, et que vos larmes, toutes chrétiennes et toutes religieuses, ne vous empêchent pas de dire et de répéter avec une filiale soumission le *Fiat voluntas tua* que le Seigneur attend de vous.

» Soyez assurée que votre souvenir ne sera point séparé dans mon cœur de celui de votre ange ! »

Les lignes suivantes nous offrent la touchante expression de la maternelle douleur de notre très-révérende Mère-générale :

« Je ne vous dis pas tout ce que mon cœur a souffert ! Ç'eût été un soulagement pour moi, si j'avais pu mêler mes regrets et mes prières aux vôtres durant ces jours de deuil ; mais à ce moment, je fus aussi atteinte d'une crise, et même privée de vous exprimer mes sentiments et ma douleur. Toutefois, quelle douce confiance nous restait dans les amers regrets de nous voir privées de notre Louise, sur laquelle nous appuyions nos espérances pour nous aider dans le travail de notre vocation, qu'elle comprenait déjà si parfaitement ! Jésus la voulait près de lui ! Cette âme fidèle et pure était mûre pour aller sans retard à la suite de l'Agneau ! Cette assurance adoucit ma peine, et je suis sûre que notre bonne mère Mallac trouve sa consolation dans la même persuasion ! Exprimez-lui mes sentiments ! Ah ! j'étais aussi la Mère de cette enfant de prédilection ! Alors elle comprendra par sa douleur ce que j'ai souffert, et mes regrets se prolongeront longtemps ! »

Partout nous retrouvons la même impression consolante, de calme dans les plus vifs regrets : en apprenant la douloureuse nouvelle, la sœur aînée de Louise écrivait à sa mère :

« J'espère pouvoir bientôt recueillir de votre bouche même les derniers et précieux enseignements que nous a donnés notre chère et bien-aimée Louise. Déjà, la lettre que j'ai reçue ce matin, m'a beaucoup édifiée et consolée ; et, tout-à-l'heure, à vêpres, je bénissais Notre-Seigneur de tant de grâces. C'est la première fois que je remercie devant la mort. »

Louise était toujours restée unie par les liens d'une tendre affection à deux de ses cousines fixées à l'île Maurice. Ce sont moins des pleurs qu'elles donnent à sa mémoire, que de pieuses et touchantes actions de grâces rendues au Seigneur. Nous lisons dans des lettres adressées à Mme Mallac et à sa fille aînée :

« J'ai appris la grande perte que nous avons tous faite, mais vous plus que nous. Je pleure, mais je la vois près du bon Dieu qu'elle a tant aimé et qu'elle avait tant désiré ! Vous savez si je l'ai chérie ! Ne puis-je pas vous dire la consolation que j'éprouve à penser que je suis moins séparée d'elle que par le passé ? Du ciel où elle est, elle me voit, assiste à toutes mes actions ; il me semble que je puis lui parler, et que c'est un second bon ange à mes côtés. J'ai sa chère image au pied de mon crucifix, et, dans toutes mes peines, je la contemple auprès de moi ! Je comprends votre immense douleur ; mais vous qui avez tout donné à Dieu, vous devez avoir une bien grande consolation... C'était un ange qui n'était point à sa place ici-bas, et dont le Seigneur a bien voulu nous laisser l'exemple pendant quelque temps, pour nous édifier et nous animer à travailler comme elle à notre sanctification!... Que de fois, dans ces conversations qui avaient tant de charmes pour moi, ne me parlait-elle pas de ce grand désir qui la remplissait *de mourir pour voir Dieu!*

» . . . Ma prière s'arrête quand je veux intercéder pour elle, et, malgré moi, c'est elle que j'invoque pour moi-même! »

Le R. P. Marquet offrit aussi à Mme Mallac quelques paroles de consolation, où nous aimons à trouver un nouveau témoignage rendu aux douces et pures vertus de notre chère Louise :

« Personne, plus que moi, ne prend part à votre douleur et à l'immense consolation que Notre-Seigneur a voulu y mêler. Je sais bien particulièrement tout ce que vous avez perdu ; mais je sais aussi, et avec non moins de certitude, quelle sainte enfant vous venez de donner au ciel! Avec quel bonheur vous la retrouviez quand Dieu vous la rendait dans sa maison, il y a près de dix ans, en récompense de votre premier sacrifice ! Avec quelle joie ineffable vous la retrouverez au sein de Dieu même, en récompense de cette seconde immolation, bien plus douloureuse, mais aussi bien plus méritoire, bien plus agréable à Dieu que la première !

» Ainsi, dix ans à peine ont suffi pour mûrir et consommer dans l'amour de son Dieu cette âme bénie ! Quelle belle et heureuse vie, mon Dieu ! Quelle belle et heureuse mort ! Et il vous a été donné d'assister, presque sans interruption, à l'une et à l'autre ; de tout voir, de tout entendre, de tout pénétrer !... de tout recueillir dans votre âme pour ne le plus oublier !

» Quel centuple Dieu réservait à votre cœur de mère ! Et ce centuple n'est pas épuisé, il s'en faut ! Le premier besoin, comme le premier devoir de cette chère sainte Louise au ciel, sera de prier pour vous, pour vous à qui, après Dieu, elle doit tout son bonheur. Je ne doute pas que vous ne receviez de grands accroissements de grâces, et combien il vous sera doux d'y reconnaître, avec le Cœur du bon Maître, le cœur aussi et la vivante tendresse de votre chère fille !

» Pour moi, j'ose espérer qu'elle ne m'oubliera pas tout à fait, surtout lorsque Notre-Seigneur lui aura fait connaître tous mes besoins, et qu'elle voudra bien me conserver dans ses intercessions un peu de cette part qu'elle avait consenti à m'accorder dans ses œuvres et ses prières. »

Le 24 janvier, le R. P. de Ponlevoy écrivait à notre digne Mère :

« Conflans a donc une enfant de moins ; le ciel, un ange de plus ; ne soyons pas jaloux, ne soyons pas tristes. Ah ! qu'il est bon de vivre, là où il fait si bon de mourir. C'est vraiment une consolation pour vous, un encouragement pour les chères novices.

» . . . Que la mère et la sœur de la sainte enfant se réjouissent dans le Sacré-Cœur : la famille est représentée dans le ciel comme sur la terre ! »

Il avait manifesté le désir d'assister à la cérémonie des funérailles de notre sœur

Louise; mais, à la même heure, il dut se rendre auprès de Mgr le Cardinal Archevêque; quelques jours plus tard, il adressait ces mots à Mme Mallac :

« N'est-ce pas une pensée du Sacré-Cœur lui-même de vous envoyer, non pas une lettre de condoléance, mais une parole de consolation ? Vous étiez en présence du Calvaire ; aujourd'hui, vous n'avez plus devant vous que le ciel ! Eh bien ! oui, cette chère âme a passé, aussi bien elle ne tenait plus du tout à cette pauvre terre, le bon Maître a étendu la main et l'a cueillie. Elle-même, d'ailleurs, avait hâte de partir, et, depuis le commencement de sa maladie jusqu'à la fin, ce désir céleste ne s'est pas démenti un seul instant; certes, elle aimait cependant et sa famille religieuse et sa famille naturelle ; elle était bien à Conflans, bien avec sa mère, avec sa petite sœur, non loin de son frère; toutefois, cela se conçoit, elle est encore mieux au ciel, avec Notre-Seigneur et la sainte Vierge. La mort n'était pas pour elle la mort, mais la vraie vie, la paix dans le sein de Dieu. Lundi dernier, je la visitais encore dans son agonie ; son âme était encore là, où plutôt elle n'y était déjà presque plus ; l'espérance était devenue pour elle une assurance, une jouissance anticipée ; je lui faisais mes commissions, elle me faisait ses promesses, comme si l'avenir était déjà présent. Laissez-moi donc vous appeler : Heureuse mère ! Que pouviez-vous enfin souhaiter de meilleur à cette chère enfant ? Vous l'aviez donnée à Notre-Seigneur, il l'a prise avec lui et chez lui, et si c'est une peine bien vive pour une mère, même religieuse, de survivre sur cette terre à son enfant, ne sera-ce pas une joie plus vraie pour elle de s'en faire précéder dans le ciel ?

» Vous avez vu cette âme angélique monter comme un ange, et maintenant elle est au terme.

» Consolez-vous, et réjouissez-vous dans le Seigneur ! »

A l'imitation de l'Eglise, qui offre ses suffrages pour tous ses enfants, nous prions pour notre bienheureuse Sœur ; toutefois une assurance intime de son pouvoir au ciel met bien plus en nos cœurs le besoin de l'invoquer. Cette impression est unanime : « C'est un ange, nous répète-t-on, il faut solliciter le secours de ses prières. »

Une pieuse dame, conduite par la vénération sur la tombe de Louise, où elle avait cueilli quelques brins d'herbe qu'elle voulait rapporter à l'une de ses filles comme une relique salutaire, nous disait au retour : « Il m'a été impossible de prier pour elle, je n'ai pu que me recommander avec une entière confiance à son intercession. » Tel est aussi le témoignage que nous ont rendu MM. nos aumôniers qui ont offert pour elle l'auguste sacrifice.

Déjà, nous oserons le dire, à la gloire de Celui qui se plaît à exalter les humbles de cœur, plus d'une âme a ressenti les doux et puissants effets de son crédit auprès de Dieu.

A la nouvelle de sa mort, une personne qui l'avait connue à Conflans, fit à son intention le chemin de la croix; pendant ce saint exercice, elle se trouva subitement délivrée d'une violente peine intérieure dont elle souffrait depuis plusieurs années.

Une de nos religieuses, ancienne compagne de Louise au noviciat, et qui avait conservé de ses exemples un souvenir ineffaçable, éprouva d'une manière plus frappante encore l'influence de sa protection. Habituellement souffrante, elle ignorait le caractère sérieux qu'avait pris son mal depuis le mois de janvier; cependant elle le pressentait, et tout en redoutant d'apprendre la vérité, elle cherchait à la pénétrer. Cette disposition de crainte subsistait avec une extrême impatience de guérir; dans son âme, il y avait lutte, et lutte prolongée.

« Le 23 janvier, » nous écrit une de nos Mères de la maison de Poitiers où la malade était alors expirante, « entre deux et trois heures de l'après-midi, notre chère Sœur que j'avais visitée le matin, m'envoya chercher précipitamment, au milieu d'une crise pénible. J'ignorais tout-à-fait la maladie de Mme Louise Mallac, n'ayant pas assisté, la veille, à une réunion de communauté, où la Supérieure, la recommandant à nos prières, avait parlé des vives inquiétudes qu'elle continuait à donner. Ces détails avaient été transmis à la malade, qui me dit avec assurance : « Mme Louise Mallac n'existe plus! » Je fus surprise de cette brusque apostrophe que je pris d'abord pour une interrogation ; et comme notre bonne Sœur me regardait fixement, attendant une réponse, je lui dis : « Mais je n'ai rien entendu de semblable, j'ignore même si Mme Louise Mallac est malade. » — « Oui, ma Mère, reprit-elle, elle était très-mal hier, mais elle est morte. » Et cela d'une manière positive qui n'admettait pas de réplique. Je pris d'abord ces paroles pour l'effet d'une préoccupation causée par la vive impression reçue la veille; je n'y attachai aucune importance et je parlai d'autre chose. Il me semblait entrevoir d'ailleurs qu'elle cherchait à savoir si on ne lui cachait pas une nouvelle capable de lui révéler son propre danger. Ce ne fut que deux jours après que j'appris, par la lettre de faire part, la coïncidence de notre conversation avec la réalité du fait, et je fus frappée de ce rapprochement.

» Depuis lors, il y avait eu dans l'état

moral de notre chère malade une amélioration si sensible, que les personnes qui la visitaient, ne pouvaient assez admirer les grâces dont Notre-Seigneur la comblait et la remarquable transformation qui s'opérait en elle... Le lendemain, elle reçut les derniers sacrements; le R. P. Coué, recteur du collége des Jésuites, vint l'y préparer; elle connut alors clairement le danger de son état et dit avec calme : « J'avoue que je ne me croyais pas si malade... Mais je ferai tout ce que l'on voudra. » Pourquoi ne verrions-nous pas, dans ce changement subit, un effet des premières intercessions qu'adressait à Notre-Seigneur cette autre âme pure, au moment où elle quittait l'exil? Après avoir si bien compris et pratiqué la douce loi du *Cor unum* sur la terre, pouvait-elle l'oublier, en entrant dans le séjour de la vraie charité? »

Quelques jours plus tard, la malade allait, pleine de joie et d'espérance, rejoindre dans la patrie la sœur bien-aimée qui l'avait si visiblement secourue.

Mais n'était-ce pas surtout à l'égard de son frère que Louise devait signaler son pouvoir auprès du divin Cœur? Ne lui restait-il point à mettre le dernier sceau à la mission de dévouement, commencée sur la terre et poursuivie avec une si héroïque persévérance?

Nous laisserons encore M. Mallac nous raconter lui-même des faits trop intimes pour être touchés par une main étrangère :

« Pendant les derniers mois de sa maladie, Louise était plus que jamais en communion avec moi. J'ai remarqué fréquemment que ses souffrances augmentaient avec mes irrésolutions, et si Mme la Supérieure de Conflans ne m'avait interdit, au nom de ma mère, les excès au prix desquels je pouvais bien prier pendant quelques secondes, Louise, sans doute, ne serait pas morte le 23, mais le 24, jour anniversaire de la mort de mon père.

» Le 23 janvier, je communiai à N.-D. de Lorette, à une messe de morts; cette circonstance produisit chez moi une triste impression et me donna de funèbres pressentiments... Ce même jour, je devais aller à

Conflans, où mes visites étaient, depuis longtemps, à peu près quotidiennes; à midi trente-cinq minutes, je me trouvais chez un de mes pauvres de ma conférence de Saint-Vincent de Paul. J'étais entré, priant Dieu de faire servir à l'adoucissement des souffrances temporelles de ma sœur, l'indulgence que je gagnais par ma visite. Je n'ai pas l'art de parler avec douceur, mon langage est brusque et heurté comme toutes mes allures, toute ma personne et tout mon esprit. Je sortais habituellement de mes visites à mes pauvres, profondément affligé de les avoir mal servis, en ne faisant pénétrer dans leurs cœurs aucune parole de charité, de piété, n'en ayant pas su trouver l'occasion. Ce jour-là, je fus bien surpris de parler sous une influence étrangère, de dire des choses qui m'étaient inspirées de l'extérieur, avec une modestie d'intonation et une gaîté douce qui charmait mon pauvre et qui me charmait moi-même, comme si j'avais écouté quelqu'un. Quand je regagnai ma voiture, j'eus grande envie de dire au cocher de me conduire à Conflans; le pauvre demeurait sur le quai Jemmapes, très-près de Conflans et très-loin de chez moi; il faudrait savoir combien je souffrais de l'état de Louise, de ma mère, de Joséphine, pour se faire une idée de l'intensité de cette envie. Je donnai cependant au cocher une adresse toute contraire; je fus poussé à Saint-Roch où le R. P. Félix prêchait à l'occasion de l'adoration perpétuelle, et je m'y fis conduire.

» Son sermon a enlevé, comme avec la main, mes préventions contre la Compagnie de Jésus, préventions qui m'impressionnaient encore vivement. Ce discours, que je trouvai fort beau, avait pour sujet le christianisme nouveau, le faux christianisme de notre époque. Ce n'était donc pas une réfutation des opinions qui avaient été formulées devant moi et qui m'avaient prévenu contre les Jésuites. Il est bien rare que la parole de Dieu convertisse les pécheurs et les infidèles en établissant dans les esprits l'évidence d'un enchaînement de vérités qui concourent à former un système doctrinal abrégé, mais complet. On revient d'un sermon, converti par une phrase incidente, étrangère au sujet principal du discours, ou bien même par la seule vue du prédicateur. Ici, la grâce me ramène à ma vocation à l'occasion de certain discours, de certain prédicateur; il se trouve que le sermon était d'un orateur éminent, d'un orateur pour qui je professe une grande admiration; mais, dans le fait particulier qui m'occupe, sa personne et son action oratoire n'ont été que des accessoires.

» En revenant de Saint-Roch, je rencontre un exprès, envoyé par madame la Supérieure de Conflans, pour m'annoncer la mort de ma sœur bien-aimée! »

Contre toute attente, M. Mallac reçut la fatale nouvelle avec un calme qu'une protection surnaturelle et toute spéciale pouvait seule lui inspirer, au moment où il voyait s'anéantir les espérances dans lesquelles son cœur se reposait encore. Il partit aussitôt pour Conflans; mais, à moitié chemin, craignant de troubler l'ordre de la maison par son arrivée à une heure assez avancée, il descendit de voiture, s'imposant encore pour sa sœur chérie cet immense sacrifice. Le lendemain seulement, il revit sa mère, il revit Louise, et, dans cette douloureuse circonstance, sa résignation ne se démentit pas un seul instant.

Bien loin de lui causer de l'amertume, le souvenir de sa sœur, qui désormais domine toute son existence, est devenu la source de ses meilleures consolations : « A qui donc irai-je? se redisait-il durant ces jours de deuil, elle m'a adressé des paroles de vie. » Pressé d'obéir à son dernier vœu, d'exécuter sans délai son dernier conseil, il se hâta de mettre ordre à ses affaires, et, dès le 28 janvier, il avait fixé le jour de son entrée au noviciat de la Compagnie.

On lui offrit le choix de la maison où il désirait passer ce temps de probation : « Je n'ai garde, répondit-il, d'exprimer ma volonté, au moment d'en faire le sacrifice. »

Aussi généreux que prompt dans sa détermination, il ne voulut rien laisser dans le monde, qu'il abandonnait sans retour, sur quoi il pût désormais jeter un regard en arrière; il employa les moments qui lui restaient encore à faire, comme il le disait lui-même, « des hécatombes » de ses papiers et de ses diplômes; saintement téméraire, il brûla tout, préludant par cet acte de la folie de la croix à la perte totale de la sagesse mondaine, au dépouillement complet des soldats et des apôtres de Jésus-Christ.

Le 24 avril, une touchante circonstance réunissait encore dans le sanctuaire de Conflans la pieuse famille de notre bien-aimée Louise.

Sur le point de se rendre au noviciat d'Angers, M. Mallac venait, accompagné de Mme Grangeneuve sa sœur aînée, et de son beau-frère, dire à sa vénérable mère et à sa sœur Joséphine le dernier adieu. Tous voulaient, à l'heure de la séparation, s'unir dans la participation du sacré banquet. Avant la messe de communauté, Mme Mallac, entourée de ses deux filles, s'approcha de la sainte Table, tandis que son fils et son gendre, agenouillés devant le Tabernacle, recevaient le pain du voyageur.

Louise seule manquait à cette heureuse fête, ou plutôt elle était encore là, radieuse, souriant à ce touchant spectacle, recueillant enfin le prix de tant de souffrances et de prières, et appelant sur son frère bien-aimé des grâces de force et de persévérance. Après la communion, nous fûmes profondément édifiées en voyant M. Grangeneuve demeurer au pied de l'autel, et servir la sainte Messe avec le recueillement de la plus fervente piété. Sans doute, bien des sentiments se pressaient dans le cœur de la mère et des enfants; mais un seul les dominait tous, celui de la joie; une seule prière montait vers le ciel, celle de la reconnaissance, et Mme Mallac pouvait justement répéter : « Seigneur, selon la multitude de mes tribulations, vous avez consolé mon âme. » Pendant l'auguste sacrifice, l'hymne d'actions de grâces se fit entendre : « Que rendrai-je au Seigneur pour tous les biens qu'il m'a faits... Vous avez brisé mes liens... Je vous offrirai une hostie de louanges, » puis le cantique privilégié de Louise, pieux hommage à Notre-Dame de la Salette, et dont le joyeux refrain, *Magnificat anima mea Dominum*, résumait avec un si heureux à-propos les souvenirs du passé et les sentiments du présent.

Après quelques instants donnés à une dernière réunion de famille, M. Mallac reçut avec une filiale vénération la bénédiction de sa mère, heureuse de présenter à son Dieu une dernière et si chère offrande. A neuf heures, il prenait la route d'Angers, conduit par M. Grangeneuve, dont le cœur d'ami et de frère s'identifiait si bien à ses propres sentiments.

Une double pensée d'humilité et de pieuse soumission au désir de sa sœur l'avait déterminé à choisir cette date pour son entrée au noviciat : il tenait à placer sa nouvelle existence sous la protection d'un saint qu'il vénère à plus d'un titre : il voulait passer dans la Compagnie cette nuit du 24 au 25 avril, consacrée par le baptême de saint Augustin; il voulait surtout accomplir à la lettre ces paroles de Louise mourante : « Dites à mon frère qu'il aille faire ses pâques dans la Jérusalem de la Compagnie de Jésus. »

C'est en effet de cette cité de paix qu'il écrivait dernièrement à sa mère :

« Priez toujours, car vous priez bien et

vous savez ce qu'il convient de demander à Notre-Seigneur. Louise, aujourd'hui, n'est plus là pour faire avec vous des neuvaines; l'autel du Sacré-Cœur n'est plus paré et embelli par les soins de son amour, mais elle a remplacé l'ange que Dieu avait chargé de recueillir vos prières; maintenant donc, comme autrefois, elle est en union avec vous; la différence est qu'aujourd'hui son suffrage est plus puissant auprès de notre commune Mère la sainte Vierge, auprès de Notre-Seigneur.

» Nous avions entrepris contre le Ciel une vraie lutte, et nous disputions à la sainte Vierge cette âme toute prête pour le paradis. M. l'abbé Surat me le disait dans les termes les plus touchants : « Aujourd'hui nous avons été vaincus. » Mais vraiment Notre-Seigneur s'est montré libéral envers nous. Nos prières nous ont fait pénétrer dans son Cœur, et il l'a dit lui-même : « Celui qui viendra à moi, je ne le rejetterai pas. » Oh! l'éminent refuge! qu'il est doux le secret de ce Cœur! On s'y trouve à l'abri de la tristesse des pensées de la terre.

» Quant à moi, je suis bien dans la paix du Seigneur. Votre souvenir m'émeut profondément, mais c'est une émotion sans mélange d'amertume et de regrets... Vous avez été pleinement exaucée lorsque vous avez demandé à supporter toute seule le chagrin de notre séparation... Soyez bénie dans le Sacré Cœur... et continuez à prier pour un fils qui vous aime deux fois, et plus encore suivant Notre-Seigneur qu'il n'a jamais pu vous aimer de son affection naturelle. »

Ces pages ont retracé d'une manière bien imparfaite les souvenirs que nous a laissés notre Sœur bien-aimée. Son court passage au milieu de nous a été celui d'une eau très-pure qui rafraîchit et réjouit tous les lieux qu'elle arrose. Sa vie s'est écoulée dans les pratiques ordinaires de la loi chrétienne et religieuse; simple et commune aux regards des hommes, elle était grande et précieuse aux yeux de Celui qui ne compte pas nos œuvres mais qui les pèse, et, empruntant le langage de nos Livres saints, nous pouvons justement dire de cette sainte et si chère enfant : « En peu de temps elle a fourni une longue carrière... Elle a crû, sous les yeux du Seigneur, comme un arbre planté sur le bord des eaux courantes et qui donne du fruit en son temps... Elle a fleuri, devant les hommes, comme un lis toujours sans tache. »

Tout ce que nous pouvons ajouter pour résumer la vie de celle que nous regrettons, c'est qu'elle était arrivée à une pureté de cœur et à une perfection d'amour que beaucoup d'âmes n'atteignent pas, après de longues années de luttes et de travail sur elles-mêmes. Le Seigneur avait achevé en elle l'œuvre de la sanctification par les souffrances qui marquèrent les derniers mois de son exil; ce fut alors que se vérifia pleinement l'oracle de la divine Vérité : « L'affliction produit la patience; la patience, l'épreuve, et l'épreuve, l'espérance. » Oui, l'espérance, tel est bien le sentiment qui domine nos regrets; les exemples de notre Sœur nous restent comme une consolation de l'avoir perdue si tôt, et comme un puissant encouragement à la pratique de toutes les vertus. Nous nous sommes efforcées de les recueillir, intimement convaincues qu'il entrait dans les desseins du Seigneur de glorifier sa servante et de réaliser ainsi les désirs ardents qu'Il lui avait inspirés pour le bien des âmes. Elle eût voulu se consumer longtemps encore au service de son Maître, le faire connaître et aimer de tous les cœurs, et Dieu, qui se plaît à contrarier dans ses saints les attraits mêmes dont il est l'auteur, n'a point permis que les circonstances secondassent son zèle. Mais peut-Il ne point exaucer des désirs si purs et si parfaits? après avoir destiné les Religieuses de son Cœur à l'exercice d'un apostolat caché, mais fécond et réel, peut-Il, si elles sont fidèles à leur sainte vocation, ne point accomplir par elles ses desseins d'amour et de miséricorde? Non, sans doute, et la vie de notre angélique Sœur nous a déjà répondu. Sans le savoir, elle exerça sur la terre, avec le sublime apostolat de la prière et du sacrifice, celui de l'exemple; elle l'exercera plus encore après sa mort, car le parfum de ses vertus entraînera sur ses traces toutes celles qui viendront le respirer. Tel est le but que nous nous sommes proposé : heureuses si le Seigneur bénissant ce petit travail, entrepris dans la seule vue de sa gloire, daigne ainsi étendre et perpétuer cet apostolat de l'exemple que notre chère Louise avait commencé au milieu de nous.

Nous ne croyons pouvoir mieux terminer qu'en rappelant ici les paroles que le R. P. de Ponlevoy nous adressait, le 10 février, à l'occasion d'une cérémonie de vœux et de prise d'habit.

Après avoir dépeint le bonheur qui attend à la vie et à la mort l'âme religieuse fidèle à sa vocation sainte, après avoir cité l'exemple de saint Louis de Gonzague n'exprimant à sa dernière heure qu'un seul regret, celui de n'avoir pas souffert davantage pour son Dieu ; de saint Stanislas sur son lit de mort, s'écriant dans des transports de joie : « Je m'en vais en paradis ! » enfin du vénérable Berchmans expirant, tenant entre les mains ses trois objets chéris : son crucifix, son chapelet, son livre de règles, et répétant : « Ah ! que je suis heureux, la mort ne m'enlève rien ! » le révérend Père ajouta : « Mais que dis-je, mes Sœurs ! Ai-je besoin de sortir de cette maison pour trouver de semblables exemples ? Il y a quelques jours, une de vos Sœurs entrait dans la patrie !... Quelle douceur, quelle paix, quelle ineffable joie dans son dernier soupir ! Vraiment, cette âme s'est exhalée comme un parfum ; elle a passé du Sacré-Cœur dans le Sacré Cœur !... « J'ai toujours été heu-» reuse, disait-elle ; heureuse dans ma fa-» mille, heureuse au-delà de toute expres-» sion dans ma famille religieuse ; heureuse » d'y vivre, plus heureuse encore d'y mou-» rir !... » Et pas un regret, pas un gémissement dans son cœur !... Non, il n'y avait que des cantiques, celui-là même que dans quelques instants vous allez redire après elle : *Magnificat anima mea Dominum !...* »

Conflans, ce 15 août 1862.

FIN

TABLE DES MATIÈRES

— LILLE. TYP. L. LEFORT. 1862. —

www.ingramcontent.com/pod-product-compliance
Ingram Content Group UK Ltd.
Pitfield, Milton Keynes, MK11 3LW, UK
UKHW020320200726
13857UKWH00001B/231

9 782012 844971